HEALING FROM HEAVEN

JANUARY-APRIL 2010

Chris Oyakhilome, PhD

하늘에서 온 치유

2010년 1~4월

크리스 오야킬로메 지음 | Paula Kim 옮김

믿음의말씀사

HEALING FROM HEAVEN *JANUARY-APRIL 2010*
ISBN 978-37061-3-6
Copyright ⓒ 2010 Christ Embassy Healing School
Published by LoveWorld Publishing Ministry, Believer' LoveWorld Inc.
e-mail: cec@christembassy.org
website: www.christembassy.org

2013 / Korean by Word of Faith Company, Korea.
Translated and published by permission. Printed in Korea.

하늘에서 온 치유 제1권

1판 1쇄 인쇄일 · 2013년 5월 2일
1판 1쇄 발행일 · 2013년 5월 4일

지 은 이   크리스 오야킬로메
옮 긴 이   Paula Kim
발 행 인   최 순 애
펴 낸 곳   믿음의 말씀사
주   소   446-855 경기도 용인시 기흥구 신정로 301번길 59
전화번호   (031) 8005-5483 / 5493 Fax : (031) 8005-5485
홈페이지   http://faithbook.kr
출판등록   제68호 (등록일 2000. 8. 14)

ISBN 89-94901-39-6 03230
값 10,000원

본 저작물의 한국어판 저작권은 LoveWorld Publishing와의 독점 협약으로 '믿음의 말씀사' 가 소유합니다.
저작권법에 의해 한국 내에서 보호를 받는 저작물이므로 무단 전재와 복제를 금합니다.

* 본문에 인용된 성경구절은 특별한 언급이 없을 경우 개역개정을 사용하였습니다.

목 차

들어가는 말 • 7

1장   하나님은 당신이 건강하기 원하신다! • 11
2장   회복된 삶 • 17
3장   예수님이 채찍에 맞으심으로 당신은 나았다 • 23
4장   아름다운 새 출발 • 29
5장   자녀의 떡 • 35
6장   아가사가 거둔 믿음의 승리 • 41
7장   예수 이름 안에 있는 능력 • 47
8장   하나님의 능력으로 사라진 암! • 55
9장   하나님과 같은 종류의 믿음 • 59
10장 운명의 날 • 65
11장 믿음의 담대함 • 71
12장 믿음은 항상 역사한다! • 75
13장 믿음은 승리다 • 81
14장 피터의 믿음의 도약 • 87
15장 당신이 기적을 받는 단계 • 91
16장 에이즈(HIV)에 대한 또 하나의 기적 • 109
17장 당신의 치유를 유지하기 • 115
18장 어떤 것도 가능하다! • 121
19장 치유를 훨씬 뛰어넘은 것이 있다 • 127
20장 안드레아의 믿음의 걸음 • 131
21장 신성한 건강 안에 거하기 • 137

결론 • 141

들어가는 말

기적은 인간의 이성과 논리를 초월하는 하나님의 초자연적인 사건 또는 개입입니다. 사람들은 인생의 여러 순간에서 이 초자연적인 나타남을 필요로 합니다. 아무런 해결책이 없을 때, 의학이 별다른 대책을 제공하지 못할 때, 인간의 이성이 어떤 소망도 제시하지 못할 때가 바로 기적이 필요한 때입니다.

성경은 "하나님이 나사렛 예수에게 성령과 능력을 기름 붓듯 하셨으매 그가 두루 다니시며 선한 일을 행하시고 마귀에게 눌린 모든 사람을 고치셨으니 이는 하나님이 함께 하셨음이라" 행 10:38라고 말씀합니다. 예수님은 두루 다니시며 선한 일을 하시고 마귀에게 눌린 모든 사람들을 치유하셨습니다. 몇 사람만이 아닌 모든 사람들을 말입니다! 성경시대에 예수님이 모든 병든 사람들을 고치셨다면, 그분은 변하지 않으셨기에 오늘날에도 여전히 그렇게 하십니다. 예수님은 어제나 오늘이나 영원토록 동일하신 분이십니다.

당신이 오늘 어떤 문제에 직면하든지, 이 한 가지는 확실합니다. 하나님은 여전히 기적을 행하고 계시고, 당신은 오늘 하나님께 기적을 구할 수 있다는 것입니다!

성경은 사도행전 19:11-12에서 "하나님이 바울의 손으로 놀라운 능력을 행하게 하시니 심지어 사람들이 바울의 몸에서 손수건이나 앞치마를 가져다가 병든 사람에게 얹으면 그 병이 떠나고 악귀도 나가더라"라고 말씀합니다.

성경에 기적이 기록된 이유는 우리로 부활하셔서 살아 계신 그리스도의 능력에 대한 믿음을 갖게 하기 위함입니다. 요한복음 20:30-31에서 성경은 "예수께서 제자들 앞에서 이 책에 기록되지 아니한 다른 표적도 많이 행하셨으나 오직 이것을 기록함은 너희로 예수께서 하나님의 아들 그리스도이심을 믿게 하려 함이요 또 너희로 믿고 그 이름을 힘입어 생명을 얻게 하려 함이니라"라고 말씀합니다. 다른 말로 하면, 기적은 예수님의 신성the deity of Jesus을 증언한다는 말입니다. 달리 어떻게 우리가 하나님의 교회에 계신 그분의 임재의 실재를 입증할 수 있겠습니까? 기적은 종교의 영역으로부터 기독교를 분리시키는 하나님의 놀라운 능력이 사람들의 삶에 나타나는 것입니다.

우리의 사역에 나타난 치유의 기적은 살아 계신 하나님의 아들이신 예수 그리스도의 이름에 있는 능력을 통해서 이루어진 것입니다. 예수 그리스도는 2,000년 전에 십자가에 못 박히셨지만 하나님이 그분을 죽은 자들로부터 일으키셔서 오늘날 그분은 능력 가운데 살아 계시며 성령을 통해 우리와 함께 하십니다.

당신은 『하늘에서 온 치유 제1권』에서 단순한 믿음으로 하나님께 나와 운명이 바뀐 사람들의 감동적인 이야기를 읽게 될 것입니다. 이 간증들을 통해 당신은 부활하신 우리 구주 예수 그리스도의 능력의 실재를 알게 될 것입니다. 또한 당신은 흥분되고 영감이 넘치는 가르침을 발견할 것입니다. 그것은 당신으로 하여금 성경을 깨닫도록 도와 당신의 마음에 신선한 계시를 가져다주는 성령님과 함께하는 모험입니다.

요점만 말하자면, 이 책은 당신에게 용기를 북돋고, 소망을 주며, 당신의 믿음을 휘저어서 당신이 기적을 받도록 도와줄 것입니다.

하나님은 당신이 건강하기를 원하십니다. 하나님은 요한삼서 2절에서 "사랑하는 자여 네 영혼이 잘됨 같이 네가 범사에 잘되고 강건하기를 내가 간구하노라"라고 말씀하셨습니다. 그분은 당신의 전체 곧 영과 혼과 몸 전부가 잘되기를 바라십니다. 그분은 당신뿐만 아니라 당신을 통해 당신 주변의 사람들도 축복하기 원하십니다. 당신이 누구든지, 지금 삶에서 어떤 문제에 직면해 있든지 상관없이, 이 책에는 당신을 기다리고 있는 특별한 것이 있습니다.

만일 당신이 아프고 소망이 전혀 없다고 생각된다면, 이 책을 읽어나갈 때 심령을 열고 지금 그 자리에서 성령님이 당신을 만지시게 하십시오. 주님의 강력한 치유의 능력이 지금 그곳에 있기 때문입니다. 이 책을 읽으면서 하늘에서 온 치유를 믿고 받으십시오.

하나님은 당신이 건강하기 원하신다!

1

지금은 당신이 치유받을 때이다!

"여호와의 말씀이니라 그들이 쫓겨난 자라 하매 시온을 찾는 자가 없은즉 내가 너의 상처로부터 새 살이 돋아나게 하여 너를 고쳐 주리라" 렘 30:17

이 예레미야의 말씀은 주님이 당신에게 하신 위대한 메시지입니다. 주님은 "…내가 네게 도로 건강을 주리니, 너를 상처에서 고치리라(I will give health bach to you, and I will heal you of your wounds)…" 렘 30:17, NKJV 라고 말씀합니다.

이는 상황이 어떻든지 간에 즉 장님이든, 벙어리든, 암이든, 당뇨든 상관없이 하나님은 당신을 고치기 원하신다는 뜻입니다. 하나님은 지금이야말로 당신이 치유받을 때라고 말씀하고 계십니다. 하나님은 당신의 몸에 건강을 가져오실 것입니다.

나는 우주의 창조주의 입술에서 나온 이런 경이로운 메시지를 듣는 것이 멋진 일이라고 생각합니다. 예수님이 십자가에 못 박히시고 장사되시고 부활하신 지 오래 되었지만, 우리는 여전히 그분의 이름으로 구하고 그 결과를 얻을 수 있습니다. 오늘날 우리가 예수 그리스도의 이름을 통해 그분과 접촉할 수 있게 하신 하나님께 감사드립니다. 기적을 주신 하나님께 감사드립니다!

예수님은 살아 계시며 온전하신 분입니다. 그분은 어제나 오늘이나 영원토록 동일하십니다. 그분은 변하지 않으셨습니다. 그분은 죽으셨으나, 하나님이 그분을 죽은 자들로부터 일으키셔서 많은 사람들에게 살아 계신 그분을 보여주셨습니다. 그런 후 그분은 승천하셨습니다. 오늘날, 그분은 성령님을 통해 우리와 함께 하시고, 우리의 삶을 어루만지시며, 매우 특별한 방식으로 우리를 축복하고 계십니다.

"내가 원하노니 깨끗함을 받으라"

> "예수께서 산에서 내려 오시니 수많은 무리가 따르니라 한 나병환자가 나아와 절하며 이르되 주여 원하시면 저를 깨끗하게 하실 수 있나이다 하거늘 예수께서 손을 내밀어 그에게 대시며 이르시되 내가 원하노니 깨끗함을 받으라 하시니 즉시 그의 나병이 깨끗하여진지라" 마 8:1-3

나병환자는 사회에서 추방당한 자들이었습니다. 아무도 그들에게 해줄 수 있는 것이 없었습니다. 사실, 율법에 따르면 누구도 나병환자를 만져서는 안 되었습니다. 그 점을 생각해보십시오. 나병환자가 다른 사람으로부터 위로의 손길을 느꼈던 마지막 순간은 그가 나병에 걸리기 전이었으며, 아마도 그가 예수님을 만나기 수년 전의 일이었을 것입니다.

모든 사람들이 도성의 문 밖에 있던 그를 매우 빠르게 지나가면서, 마치 개에게 주듯이 그에게 먹을 것을 던져주었습니다. 사실, 그가 예수님께 다가올 때 사람들이 그가 나병환자라는 것을 알았더라면 그를 돌로 쳐 죽였을 것입니다. 그는 그렇게 외롭고도 무정한 세상에 살아야 했던 것입니다. 그러나 그는 예수님께 왔을 때, 지금이 바로 자기가 치유받을 때라는 것을 알았습니다. 예수님이 그런 상태에 있는 그를 만진 첫 번째 사람이었기 때문에 그는 사랑을 받는다고 느꼈고, 예수님의 그 만지심이 그의 몸에 치유를 가져왔습니다. 그는 사랑을 안 적이 없었지만, 예수님이 그를 만지시면서 말씀하셨을 때, 그는 하나님이 그가 건강하기를 원하실 뿐만 아니라 그를 사랑하신다는 것도 알았습니다. 할렐루야!

주님은 이전에도 당신과 똑같은 상태에 있던 사람들을 치유하셨기 때문에 당신의 몸 어느 곳에 치유가 필요하든지 그것은 주님께 문제가 되지 않습니다. 오늘도 주님은 당신을 위해 그와 같은 일뿐만 아니라 그 이상도 하실 것입니다. 당신의 질병이 주님이 처음 접하는 유형이어서 전에는 아무도 치유한 적이 없다하더라도, 당신은 그런 질병에서 치유받은 첫 번째 사람이 될 것입니다!

그분은 당신을 사랑하기 때문에…

> "저물매 사람들이 귀신 들린 자를 많이 데리고 예수께 오거늘 예수께서 말씀으로 귀신들을 쫓아내시고 병든 자들을 다 고치시니 이는 선지자 이사야를 통하여 하신 말씀에 우리의 연약한 것을 친히 담당하시고 병을 짊어지셨도다 함을 이루려 하심이더라" 마 8:16-17

예수님은 모든 병든 자들을 고치셨고, 그분이 그렇게 하신 것은 그들을 사랑했기 때문입니다.

이 성경말씀은 당신에 관한 것입니다. 그분이 당신의 연약한 것을 가져가셨고 당신의 병을 담당하셨습니다. 그분은 당신을 사랑하기 때문에 당신을 치유하셨습니다. 그분은 당신을 위해 십자가에서 죽으시기 전에 당신의 죄를 용서하기 위해 기도해줄 누군가를 기다릴 필요가 없었듯이, 당신을 치유하도록 도와줄 의사를 기다릴 필요가 없었습니다. 그분은 당신을 사랑하셔서 그렇게 하셨습니다.

성경은 요한삼서 2절에서 "사랑하는 자여 네 영혼이 잘됨 같이 네가 범사에 잘되고 강건하기를 내가 간구하노라"라고 말씀하셨습니다.

하나님은 당신을 사랑하시므로 당신이 형통하기를 원하십니다. 하나님은 당신이 영적인 삶에서 형통하듯이 건강에서도 형통하기를 원하십니다. 하나님은 당신에게 관심이 많으시므로 오늘 당신이 건강을 경험하기를 바라십니다. 하나님은 당신에게 힘을 주시고 축복하기 원하십니다. 그렇기 때문에 하나님은 나사렛 예수에게 성령과 능력으로 기름 부으셨고, 예수님은 두루 다니시며 선한 일을 행하시고 마귀에게 눌린 모든 사람을 고치셨으며, 이는 하나님이 함께 하셨기 때문입니다.행 10:38 이 성경구절의 마지막 부분은 예수 그리스도를 보내셔서 그 모든 일을 행하시게 한 장본인이 하나님이셨다는 것을 우리에게 알려 줍니다. 그리고 예수님이 하신 그 일에는 나가서 마귀에게 눌린 모든 자들을 치유하는 일이 포함되었습니다.

이런 사실로부터, 우리는 예수님을 보내셔서 사람들을 치유하신 하나님이 사람들을 아픔sickness과 질병disease으로 괴롭힌 자와 동일한 분일 리가 없다는 분명한 결론을 내릴 수 있습니다. 그렇습니다. 사람들을 병들게 한 장본인은 마귀입니다. 반대로 사람들을 건강하게 하는 분은 하나님이십니다. 하나님은 당신을 건강하게 할 권능과 능력을 예수님께 주셨습니다. 사실, 그분은 2,000년 전에 당신을 이미 건강하게 하셨습니다. 이제 당신에게 필요한 것은 단지 그분이 이루신 일을 받아들이고 그 빛 가운데 걷는 것입니다. 그러면 "…네[당신] 빛이 새벽 같이 비칠 것이며 네[당신] 치유가 급속할 것…"사 58:8입니다. 할렐루야!

신약을 통틀어서 하나님의 말씀은 우리의 삶에 병이 있을 곳이 없다는 사실을 분명히 보여 줍니다. 그러나 어떤 사람들은 다른 사람들이 돌보아 주고 동정해 주는 것을 너무도 원한 나머지 그들의 몸에 온갖 질병이 있다고 말합니다. 또 다른 사람들은 그들의 삶의 근거를 느낌에 둡니다. 그들은 두통을 느끼자마자 "열이 있어."라고 말합니다. 그들은 항상 그들의 느낌을 소리 내어 말합니다. 그들이 분별없이 내뱉는 말을 당신이 교정하려고 할 때 그들은 화를 냅니다. 그들이 하나님의 말씀과 반대로 행하고 있는 것은 참으로 안타까운 일입니다.

베드로전서 2:24은 "친히 나무에 달려 그 몸으로 우리 죄를 담당하셨으니 이는 우리로 죄에 대하여 죽고 의에 대하여 살게 하려 하심이라 그가 채찍에 맞음으로 너희는 나음을 얻었나니"라고 말씀합니다.

진리는, 당신이 그때 치유되었다면 지금도 여전히 당신은 치유된 상태라는 것입니다. 예수님은 마비된 사람에게 일어나 침상을 들고 집으로 가라고 말씀하셨습니다.요 5:8-9 그 사람은 침대에 그대로 누워 있으면서 "그것은 제가 할 수 없는 일이예요. 아파서 움직일 수가 없어요."라고 말할 수도 있었을 것입니다. 그러나 그는 예수님이 선언하신 치유의 말씀을 믿음으로 받았고, 즉시 온전하게 되었습니다.

오늘날도 수많은 사람들의 삶에서 주님이 필요합니다. 그들은 보통 사람이 할 수 있는 것 이상의 도움을 필요로 합니다. 이것이 내가 예수님은 여전히 동일하시며, 지금도 계속해서 기적을 행하신다는 것을 온 세상에 전하는 일에 전념해온 이유입니다. 당신은 자신에 대해 안타까워하며 언제, 어떻게, 과연 치유를 받을 수 있을지 궁금해 하면서 집에 머물러 있을 필요가 없습니다.

창조주는 여전히 살아 계시며 지금 당신을 치유할 준비가 되어 있다는 이 진리를 들으십시오! 창조주 하나님은 당신이 그분의 축복을 보기를 바라시며, 당신을 성령으로 충만케 하여 그리스도 예수 안에서 합법적으로 당신 것인 모든 것을 당신이 주장할 수 있게 되기를 원하십니다.

하나님은 당신이 건강하게 살기를 바라십니다. 그분은 당신의 영적인 번영만이 아니라 당신의 육체의 건강에도 관심이 있으십니다.

"네 하나님 여호와를 섬기라 그리하면 여호와가 너희의 양식과 물에 복을 내리고 너희 중에서 병을 제하리니"출 23:25

성경은 하나님이 당신의 빵과 물을 축복하시고, 당신 가운데서(당신의 몸, 당신의 가족, 당신의 가정을 포함해서) 병을 제거하실 것이라고 말씀합니다. 이것은 제 말이 아니라 하나님의 말씀입니다. 기억하십시오. 하나님은 어떤 한 사람에게 행하신 일을 똑같은 상황에 있는 누군가에게도 행하실 것입니다. 또한 그분이 다른 누구에게도 행하신 적이 없는 일이라도 당신에게 필요하다면, 그분은 당신을 위해 그 일을 행하실 것입니다.

회복된 삶

2

프랭크 데이비스

"저는 주님이 저를 온전히 고치시기를 원하며, 또 저를 사용하셔서 다른 사람들이 치유를 찾도록 도와주고 싶습니다." 이 말은 73세에 치유학교에 찾아온 프랭크 데이비스Frank Davies 목사님이 드린 심령에서 우러난 기도였습니다. 다음의 간증은 하나님이 경이로운 방식으로 응답하신 내용입니다.

영국 텔포드Telford에 있는 교회의 목사요 지도자인 프랭크 데이비스는 오직 하나님만이 자신을 치유하시고 온전케 하실 수 있음을 알았습니다. 그가 통화를 할 때마다 듣기 위해 안간힘을 써야 한다는 것을 알아차렸을 때 그의 증상은 시작되었습니다. 처음에 그는 전화선이나 전화기에 문제가 있다고 생각했습니다. 그러나 그는 주변 사람들의 말소리를 듣는 것이 점점 더 힘들다는 사실을 깨달았을 때 상당히 염려되었습니다.

그는 별로 동요하지 않고 병원을 찾았습니다. 일련의 검사를 마친 후 의사들은 그가 청력을 상실하고 있다고 진단했습니다.

"이런 일이 일어날 수 있는 몇 가지 이유가 있습니다…"라고 의사는 말하기 시작했습니다.

당시 프랭크는 58세였는데, 그는 자신이 세상에 줄 많은 것들을 가지고 있다는 것을 알았습니다. 하나님은 그를 하나님의 구원하는 능력인 복음을 선포하고 말씀으로 하나님의 자녀들을 양육하며 세우는 사역으로 부르셨습니다. 그는 그것이 어떤 종류의 질병이든지 확실히 그의 사역을 더디게 할 것임을 알았습니다. 의사가 그의 상태와 그럴듯한 원인에 대해 계속해서 설명했을 때, 그는 그의 사역을 어떻게 수행할지를 생각했습니다.

얼마 안 가서 그는 왼쪽에서 소리가 들릴 때 평소보다 듣기가 훨씬 더 힘들다는 사실을 알아차렸습니다. 사람들이 왼쪽 귀에다가 말할 때면 그는 들으려고 안간힘을 썼습니다. 그래서 그는 사람들의 말소리를 알아들으려고 머리를 이상하게 돌리고 기울였습니다.

이후 14년간 그의 상태는 점점 더 악화되었고 삶 전체와 사역에도 영향을 끼쳤습니다. 프랭크는 대중행사나 사람들과 함께 하는 자리가 더 이상 편치 않았습니다. 대부분의 경우에 그는 사람들이 한 말을 추측했습니다. 그는 당황하거나 사람들을 오해하는 일을 피하려고 사람들로부터 떨어져 지내기로 결정했습니다. 하나님은 그를 사람들에게 복음을 전하도록 부르셨는데, 그는 할 수 있는 한 사람들로부터 떨어져 지냈기 때문에 그로 인해 많은 고통을 겪었습니다.

그러던 중 어떤 텔레비전 프로그램이 그의 주의를 사로잡았습니다. 그것은 러브월드에서 내보낸 치유학교 Healing School 프로그램 방송이었습니다. 변화가 절실히 필요했던 그는 즉시 텔레비전 프로그램에 광고된 다음번 치유학교에 참석하기 위해 계획을 짜기 시작했습니다. 치유학교는 남아프리카 공화국의 요하네스버그에서 열릴 계획이 없고, 그것은 텔포드에 있는 그의 집에서 가기에는 아주 긴 여정이 되겠지만 그는 참석하기로 마음을 정했습니다.

그는 기적에 대한 큰 믿음을 가지고 그의 아내 수잔Susan과 함께 10시간 넘게 비행기를 타고 치유학교로 날아갔습니다. 덧붙이자면, 이것은 프랭크가 남아프리카 공화국으로 가는 첫 번째 여행이기도 했습니다. 더욱이, 그는 모아둔 모든 돈을 다 털어서 여행 경비를 마련했던 것입니다. 그러므로 이 하나님의 사람에게 있어서 그 여행은 참으로 믿음의 여정이었습니다.

데이비스 부부는 2008년 2월 8일에 치유학교에 도착했고, 그들은 받은 사랑과 온정의 손길로 인해 완전히 편안함을 느꼈습니다. 프랭크는 기쁨과 믿음의 분위기에 완전히 압도당했습니다. 그는 자신이 바른 장소에 왔다는 것을 알았습니다.

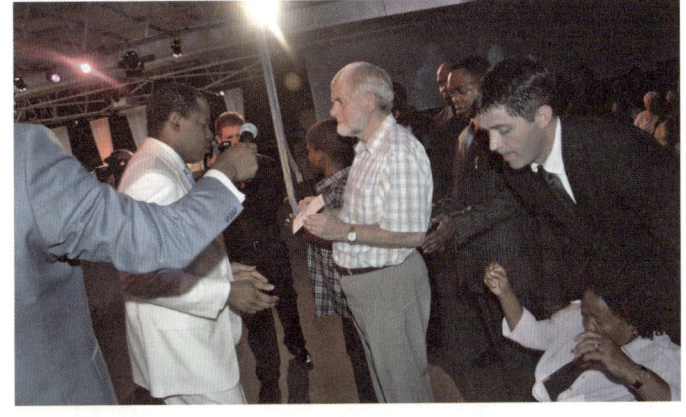

치유집회가 시작되자, 그는 자기처럼 기적에 대한 믿음으로 찾아온 수백 명의 다른 사람들과 함께 자리에 앉았습니다. 감사하는 심령으로 그 자리에 참석할 수 있는 기회를 주신 하나님을 찬양했습니다. 그러자 하나님의 사람인 크리스 목사님이 강당 안으로 들어와서 병자들에게 사역하기 시작했습니다. 그는 하나님의 강력한 임재가 감싼 것을 느꼈고 하나님의 사람이 각 사람을 위해 기도하는 것을 점점 더 큰 기대감을 가지고 지켜보았습니다.

크리스 목사님이 그가 있는 곳으로 오자, 그는 기쁨으로 인해 거의 서 있을 수 없을 지경이었습니다. 하나님의 사람은 그의 상태가 연약함의 영a spirit of infirmity에 의해 생겼다는 것을 즉시 알아차렸습니다. 크리스 목사님은 손가락을 그의 왼쪽 귀에 넣고는

연약함의 영에게 나가라고 명했습니다. 그런 다음, 입으로 기름부음을 불자, 그는 하나님의 능력 아래 쓰러졌습니다.

프랭크가 일어났을 때, 누구도 그가 치유받았다고 말해줄 필요가 없었습니다! 큰 기쁨으로 빛나고 충만한 그는 손을 들어 하나님께 감사드렸습니다.

다음 날, 치유받은 다른 몇몇 사람들 가운데 프랭크는 자신이 받은 경이로운 기적을 간증했습니다. 대단히 흥분한 상태에서 그가 치유를 간증했을 때, 그의 아내가 나와서 그의 곁에 섰습니다. 그녀가 그에게 "사랑해요!"라고 속삭이자, 그는 기뻐하면서 "나도 당신을 사랑해!"라고 응답했습니다.

그의 삶이 회복된 지 여러 해가 지났습니다. 그는 기회가 있을 때마다 하나님이 치유학교에서 자신의 삶에 행하신 기적을 간증합니다. 그는 치유학교에 참석할 기회를 주신 것에 대해 언제나 감사해왔습니다. 그에게 더욱 감동적인 것은 그 경험이 자신의 삶 전체를 바꾸어버렸다는 사실이었습니다.

텔포드에 있는 그의 집에 앉아서 큰 기쁨으로 그의 경험을 자세히 이야기했습니다. "치유학교에서의 경험은 아름다웠습니다. 제 왼쪽 귀가 나았을 뿐만 아니라 제 삶도 바뀌었습니다. 치유학교는 매우 풍성하고 삶을 변화시키는 경험으로 손꼽히고 있습니다. 많은 사람들이 하나님의 말씀을 인용하지만, 치유학교에서 우리는 말씀을 경험했습니다." 그런 후에 그는 확신을 가지고 이렇게 결론을 지었습니다. "당신이 아프시다면, 치유학교에 참석하셔서 주님을 구하십시오."

현재 프랭크 데이비스와 그의 사랑스러운 아내는 믿음의 말씀을 전하고 가르치고 있습니다. 그들의 사역은 많은 사람들이 주님을 알고 성령을 받도록 돕고 있습니다.

프랭크 · 수잔 데이비스

예수님이 채찍에 맞으심으로 당신은 나았다

3

예수님이 그 모든 일을 다 하셨다

"그는 실로 우리의 질고를 지고 우리의 슬픔을 당하였거늘 우리는 생각하기를 그는 징벌을 받아 하나님께 맞으며 고난을 당한다 하였노라 그가 찔림은 우리의 허물 때문이요 그가 상함은 우리의 죄악 때문이라 그가 징계를 받으므로 우리는 평화를 누리고 그가 채찍에 맞으므로 우리는 나음을 받았도다" 사 53:4-5

위의 말씀은 매우 아름다운 성경말씀으로 세상의 기초가 놓일 때 죽임 당한 하나님의 어린 양이신 예수님에 관해 하신 말씀입니다. 예수님은 십자가에 달리셨을 때 우리를 위해 아주 많은 일을 행하셨습니다. 예수님은 자신을 위해 십자가에 달리신 것이 아니었습니다. 어떤 사람들은 그분이 위대한 순교자라고 생각합니다. 그러나 그것은 진실이 아닙니다. 예수님은 순교자가 아니라 희생제물이셨고, 이 둘 사이에는 엄청난 차이가 있습니다.

희생제물은 다른 사람을 대신하여 죽지만 순교자는 자신의 신념 때문에 죽습니다.

예수님은 그분의 신념beliefs 때문에 죽으신 것이 아니라 우리를 위해 죽으셨습니다. 성경이 그분이 죽으신 것은 그분의 확고한 신념convictions 때문이 아니라 "그가 찔림은 우리의 허물 때문"이라고 말씀하시는 것에 주목하십시오.

예수 그리스도가 참으로 하나님의 아들이라는 사실을 아는 것은 우리에게 매우 중요합니다. 당신은 예수님이 누구이신지 알기 위해 말씀을 공부할 때, 십자가형과 그것이 당신에게 어떤 의미인지를 제대로 알게 될 것입니다. 아시다시피, 인간은 에덴동산에서 사탄에게 순종함으로 말미암아 마귀의 노예가 되었습니다. 인간은 사탄의 본성에 참여한 자가 되었고, 그렇게 해서 죄와 병이 세상에 들어온 것입니다. 성경은 "그러므로 한 사람으로 말미암아 죄가 세상에 들어오고 죄로 말미암아 사망이 들어왔나니 이와 같이 모든 사람이 죄를 지었으므로 사망이 모든 사람에게 이르렀느니라"롬 5:12라고 말씀합니다.

하나님은 세상을 속량하기 위해 죄 없는 누군가를 필요로 하셨습니다. 하나님은 세상을 두루 살피셨지만, 죄 없는 자를 찾을 수 없었습니다. 속량자가 될 수 있는 자가 전혀 없었습니다. 어느 날, 하나님은 마리아라는 한 처녀에게 그분의 말씀을 보내시면서 이렇게 말씀하셨습니다. "보라 네가 잉태하여 아들을 낳으리니 그 이름을 예수라 하라"눅 1:31

하나님의 말씀에 따르면, 예수님이 우리의 병을 짊어지셨고 우리의 슬픔을 가져가셨습니다. 왜 그러셨을까요? 우리가 더 이상 그것들을 겪지 않게 하기 위해서입니다! 예수님이 우리를 위해 고통을 당하셨습니다. 그러므로 우리는 더 이상 고통당해서는 안 될 것입니다. 이것이 예수 그리스도의 복음입니다. 예수님은 "사람이 친구를 위하여 자기 목숨을 버리면 이보다 더 큰 사랑이 없나니"요 15:13라고 말씀하셨습니다. 무엇이 더 클 수 있겠습니까? 예수님은 십자가에서 우리를 향한 그분의 사랑을 입증하셨습니다.

주 예수님께 영광을 드립니다! 우리가 어둠의 영역에서 구출되어 하나님의 사랑의 아들의 왕국으로 옮겨졌다는 사실을 아는 것은 얼마나 놀라운지요. 골로새서 1:13은 "그가 우리를 흑암의 권세에서 건져내사 그의 사랑의 아들의 나라로 옮기셨으니"라고 말씀합니다.

십자가에서 실제로 무슨 일이 일어났는가?

우리의 죄가 예수님께 얹어지자, 예수님은 십자가에서 우리를 대신해서 '죄'가 되셨습니다. 예수님은 요한이 말했던 놋뱀이 되셨습니다. 예수님은 이렇게 말씀하셨습니다. "모세가 광야에서 뱀을 든 것 같이 인자도 들려야 하리니 이는 그를 믿는 자마다 영생을 얻게 하려 하심이니라" 요 3:14-15 뱀은 죄를 가리킵니다. 예수님이 우리의 불의를 가져가셨을 때 우리의 죄의 본성이 그분에게 얹어졌습니다. 그것이 예수님이 죽으실 수 있었던 유일한 길이었습니다.

예수님은 어떤 악도 범하지 않으셨지만 체포되어 여러 가지 죄목으로 고발당하셨습니다. 그분은 어떤 때에도 잘못한 적이 없으셨지만 사람들은 그분을 재판에 회부했습니다. 그들은 그분을 때리고, 상하게 하고, 고문하고, 짓밟았을 뿐 아니라 짓지도 않은 죄로 인해 사형을 언도했습니다. 그러나 거기에는 사람들이 육신으로 보는 것 이상의 것이 담겨 있었습니다. 성경은 말씀합니다. "그가 찔림은 우리의 허물 때문이요 그가 상함은 우리의 죄악 때문이라 그가 징계를 받으므로 우리는 평화를 누리고 그가 채찍에 맞으므로 우리는 나음을 받았도다" 사 53:5

그들이 예수님의 어깨에 십자가를 지게 하여 골고다로 데려갔을 때, 그 십자가에는 당신의 고통과 거부당함과 애통함과 슬픔과 부족함이 있었습니다. 예수님이 그 모든 것을 가져가셨고, 그분이 가셨을 때 당신의 죄도 함께 갔습니다. 예수님이 지나갔을 때 사람들은 그분에게 침을 뱉었습니다. 그러나 예수님은 "아버지 저들을 사하여 주옵소서 자기들이 하는 것을 알지 못함이니이다" 눅 23:34 라고 말씀하셨습니다. 예수님은 우리를 위해 그렇게 하셨습니다. 예수님은 '유일한 속죄염소the scapegoat'가 되셨습니다. 구약에서 제사장은 속죄염소에다 백성의 죄를 고백한 다음, 속죄염소로 하여금 그 죄를 가져가도록 하려고 미리 정한 사람에게 맡겨 그 속죄염소를 광야로 보냈습니다. 그 예식은 그리스도의 희생(제사)을 표현하는 상징이었습니다.레 16:5-22 예수님은 우리의 문제와 실망과 상처와 아픔을 그분 자신에게로 가져가셨습니다.

병은 불필요한 것이다!

예수님은 당신의 병을 가져가셨고, 당신에게 건강을 주셨습니다. 예수님은 당신의 실망을 가져가셨고, 당신에게 소망을 주셨습니다. 예수님은 당신의 낙심을 가져가셨고, 당신에게 용기를 주셨습니다. 예수님은 당신의 근심을 가져가셨고, 그 대신 당신에게 평안을 주셨습니다. 예수님은 당신의 슬픔을 담당하셨고, 당신에게 기쁨을 주셨습니다!

당신이 예수님을 믿는데도 부족함이나 빚이나 병이나 실패 가운데 살고 있다면, 하나님은 당신이 일어나서 판에 박힌 과거의 삶으로부터 빠져나오기를 바라십니다. 그분의 갈망은 당신의 혼이 형통하듯이요삼 2, 당신이 형통하고 건강하게 사는 것입니다. 그분은 당신이 그분의 십자가의 죽음을 통해 당신을 위해 행하신 모든 것을 발견하여, 그것을 당신 자신의 것으로 삼기 시작하기를 바라십니다. 그러면 당신은 축복, 곧 건강과 성공과 풍성함과 형통 가운데 걷기 시작할 것입니다.

하나님은 당신을 사랑하십니다. 그분은 당신을 향한 그분의 사랑의 증거로서 십자가에 그분의 아들을 내어주셨습니다. 당신이 이 땅에 속량이 필요한 유일한 사람이었을지라도, 하나님은 예수님을 보내셔서 당신을 위해 죽게 하셨을 것입니다. 하나님은 치유와 신성한 건강이 십자가에서 당신을 위해 이루어진 구원의 일부임을 당신이 알기 원하십니다.

오늘날 당신이 고통받도록 정해져서 겪고 있는 아픔이란 없습니다. 오늘날 당신의 삶에서 걸리도록 정해져 있는 질병이란 없습니다. 하나님은 당신을 위해 나사렛 예수님께 기름 부으셨습니다. 성경은 예수님이 이 땅을 거니셨을 때 두루 다니시면서 선한 일을 행하시고 마귀에게 눌린 사람들을 고치셨다고 말씀합니다.행 10:38 예수님은 당신을 위해 마귀의 일을 멸하려고 나타나셨습니다.요일 3:8 마귀는 패배했습니다. 마귀의 일은 무력화되었고, 승리는 당신 것입니다. 할렐루야!

오늘 당신의 승리의 빛 가운데 걸으십시오. 아픔과 질병과 연약함으로부터 벗어나 자유롭게 걸으십시오. 주 예수 그리스도는 모든 곤궁으로부터 당신을 끄집어내기 위해 필요한 모든 일을 행하셨습니다. 당신은 하나님의 축복을 받는 데 필요한 자격을 얻기 위해 어떤 것도 할 필요가 없습니다. 예수님은 당신에게 필요한 모든 일을 행하셨습니다. 예수님은 당신을 위해 가난하게 되셨습니다. 예수님은 당신을 위해서 로마 군인의 손에 의해 커다란 수치와 고통을 겪으셨고, 갈보리 십자가에서 죄인의 죽음을 당하셨습니다.

하나님과 인간 양쪽에서 예수님을 십자가에 못 박았습니다. 성경은 "여호와께서 그에게 상함을 받게 하시기를 원하사 질고를 당하게 하셨은즉 그의 영혼을 속건제물(속죄제물)로 드리기에 이르면 그가 씨를 보게 되며 그의 날은 길 것이요 또 그의 손으로 여호와께서 기뻐하시는 뜻을 성취하리로다"사 53:10라고 말씀합니다. 모든 종류의 병이 예수님의 몸에 얹어졌습니다. 예수님은 당신이 의와 건강 가운데 살도록 당신을 위해 그 모든 병을 겪으셨습니다.

당신이 지금 당신의 몸이나 가족이나 결혼생활이나 직장이나 자녀에게서 무슨 일을 겪고 있든, 나는 당신을 위한 좋은 소식을 가지고 있습니다. 지금이 바로 하나님의 안식 안으로 들어갈 때입니다.

예수님은 모든 것을 해결하셨습니다! 베드로전서 2:24은 "친히 나무에 달려 그 몸으로 우리 죄를 담당하셨으니 이는 우리로 죄에 대하여 죽고 의에 대하여 살게 하려 하심이라 그가 채찍에 맞음으로 너희는 나음을 얻었나니"라고 선언합니다. 예수님은 십자가에서 고통당하셨던 2,000년 전에 이미 당신을 건강하게 만드셨습니다. 예수님은 당신을 위해 그러한 죽음에 이르는 매를 맞으셨습니다. 그러므로 당신의 환경에 개의치 마십시오. 고군분투하지 말고 안식하십시오. 예수님이 이미 그 모든 일을 다 하셨습니다!

아름다운 새 출발

4

쿠툴라 가사

23세의 쿠툴라 가사Kuthula Gasa는 건강하다는 것의 의미를 알았던 적이 없었습니다. 부모가 그녀에게 무언가 끔찍하게 잘못되었다는 사실을 발견했을 때, 그녀는 간신히 살아났습니다. 그녀가 태어난 지 막 10개월이 되었을 때 그녀의 엄마는 그녀가 사지에 상당히 많은 땀을 흘리고 비정상적으로 헐떡이는 것을 발견했습니다. 이런 증상이 완화되지 않고 계속되자 그녀의 엄마는 그녀를 병원에 데려가기로 결정했습니다. 그러나 의사들은 일련의 검사를 하였는데도 무엇이 문제인지 찾아내지 못하자 당황했습니다.

아름다운 새 출발 29

이후 18년 동안 그녀는 이 이상한 병명을 알아내기 위해 이 병원 저 병원을 찾아다니곤 했습니다. 그녀의 삶은 끝없는 검사와 약물투여와 치료의 연속이었습니다. 그녀는 계속 고통스러웠지만 어떤 의사도 그녀의 문제가 무엇인지 알아낼 수 없었습니다. 그것은 그야말로 의사들의 지성으로는 설명하기 불가능한 것이었습니다. 그러나 그녀가 19살이 되었을 때, 으레 하던 어떤 검사를 한 후 의사는 그녀가 만성 신장결석을 앓아왔다는 사실을 발견했습니다.

신장결석은 신장에 있는 무기염분이 응고되어 생긴 딱딱한 덩어리로, 복부에 격심한 통증을 유발합니다. 또한 경우에 따라서는 메스꺼움과 구토를 동반합니다. 의사는 "결석은 수술로 제거될 수 있습니다. 실제로 수술로써 완전히 제거될 수 있습니다."라고 설명했습니다.

그러나 그녀의 신장결석은 그렇지 못했습니다. 이후 5년 동안 쿠툴라는 이 병과 싸웠습니다. 수술에 수술을 거듭했지만, 의사들은 결석을 완전히 제거할 수가 없었습니다. 수술을 받은 후 항상 결석이 재발하곤 했습니다. 일 년 동안에만 그녀는 그 끔찍한 수술을 7번이나 받기도 했습니다.

의사들이 그녀의 혈액에서 어떤 문제도 찾을 수 없었기에 그녀의 상태는 의사들을 곤혹스럽게 만들었습니다. 그들은 결석이 계속해서 재발하는 이유를 알 수가 없었습니다. 그들은 그녀에게 엄격한 식이요법을 실시하고 한 줌의 약을 주었지만, 그녀의 상태는 더 나빠지기만 했습니다. 그녀는 오랫동안 서 있을 수도 없었고, 걷는 데 큰 지장이 있었습니다. 그녀는 고통으로 인해 옆으로 누워 잘 수도 없었습니다. 그녀는 심한 두통을 겪기도 했으며, 쉽게 지쳤습니다.

그러는 동안 그녀는 결혼을 했습니다. 그러나 매일 그녀는 결혼생활이 무너지는 것을 속절없이 지켜보았습니다. 그녀의 남편은 그녀가 왜 그리도 자주 아픈지를 이해할 수 없었습니다. 치료방법은 있지만, 알려진 의학적인 해결책을 무색케 하는 질병을 그녀의 남편이 이해하기란 너무도 힘든 것이었습니다. 압박감을 도저히 견딜 수 없었던 남편은 결국 그녀와 별거했습니다.

모든 난관에도 불구하고 쿠툴라는 대학교 입학 허가를 받았지만 엄격한 교육과정을 감당할 수 없다는 사실을 깨달았습니다. 이로 인해 그녀는 큰 상처를 받았습니다. 그녀에게 등록금을 낼 수 있는 특별장학금이 주어졌지만 건강상의 이유로 몰수되었기 때문입니다. 그녀는 직장에서 해고되었을 때 더 큰 고통을 겪어야 했습니다. 그녀의 남편처럼 직장 사람들도 그녀가 계속해서 건강이 좋지 않은 것을 이해할 수 없었던 것입니다.

2006년 10월, 그녀는 또 한 차례의 수술을 받아야 했습니다. 그녀의 건강은 아주 악화되었고, 수술 외에는 달리 어떻게 해야 할지 몰랐습니다. 놀랍게도, 의사들은 그녀에게서 총 25개의 결석을 제거했습니다. 그녀는 이것으로 고통이 끝났을 것이라고 생각하여 기뻐했습니다. 그러나 불과 몇 달이 지나지 않아, 의사들은 그녀의 내장을 지탱하도록 몸에 장착한 스텐트stent에 결석 하나가 단단히 붙어 있는 것을 발견했습니다. 의사들은 급히 수술을 했고, 감염된 관을 제거했습니다. 다시금, 그녀가 수술을 받으러 들어갔을 때 이번이 마지막이 될 것이라는 소망을 품었습니다.

그러나 안타깝게도 얼마 지나지 않아 의사들은 그녀에게 더 많은 결석이 다시 생긴 것을 발견했습니다. 의사들은 너무도 당황한 나머지 그녀에게 어떻게 말해야 할지 몰랐습니다. 그러나 참다못해, 의사 중 한 명이 그녀에게 그 소식을 전해주었습니다. 그때 그녀는 자신에게 "더 이상은 안 돼!"라고 말했습니다.

그녀는 몇 주 후에 또 한 번의 수술이 잡혔지만 수술을 받지 않기로 결심했습니다. 그녀는 지쳤습니다. 그녀는 지금까지 의사들의 말에 귀를 기울이면서 수술을 받고, 약도 복용하고, 그들이 말한 대로 살아왔지만 어떤 변화도 일어나지 않았습니다. 오히려 그녀는 해를

아름다운 새 출발

거듭할수록 점점 더 악화되었습니다. 약을 복용하는 것은 아무런 도움을 주지 못했을 뿐 아니라, 그 약으로 인해 그녀의 건강은 점점 더 나빠졌습니다.

그녀는 치유학교에 대한 소식을 들었을 때 자신이 해답을 찾았다는 것을 알았습니다. 주저함이 없이 그녀는 다음번 치유학교 모임에 대해 문의했고, 즉시 참석할 계획을 짰습니다.

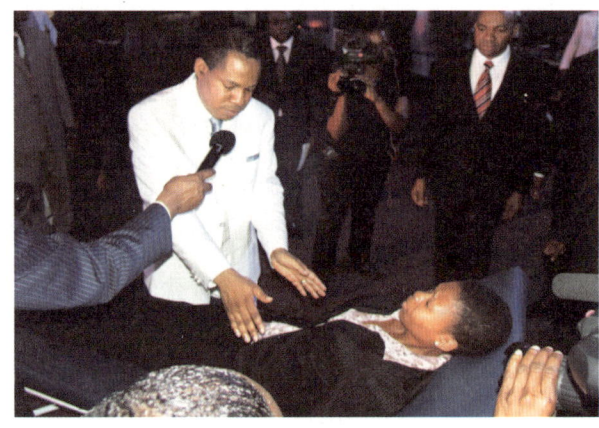

그때 그녀는 다른 사람의 도움 없이는 도저히 걸을 수 없는 상태였습니다. 그녀는 들것에 실려 치유학교에 왔습니다.

치유집회가 시작되었을 때, 쿠툴라는 하나님의 능력과 사랑을 아주 강하게 느꼈습니다. 치유에 대한 그녀의 믿음이 강해졌습니다. 잠시 후 크리스 목사님이 강당으로 들어왔습니다. 그녀는 자신의 삶이 곧 변할 것이라는 것을 알고 흥분했습니다. 그러고 나서 하나님의 사람이 그녀가 있는 쪽으로 걸어왔고 큰 긍휼을 가지고 그녀를 쳐다보았습니다. 하나님의 사람은 말 한마디도 없이 그녀를 향해 손을 뻗었습니다. 갑자기 그녀는 밀려드는 하나님의 능력의 물결을 온몸으로 느꼈습니다.

몇 분 후, 그녀는 강력한 하나님의 능력 아래 몸을 떨었습니다. 그녀가 들것에서 미끄러질 정도로 그녀에게 임한 기름부음은 매우 강했습니다! 그러자 크리스 목사님이 손으로 그녀를 잡았고, 그녀는 전혀 어려움 없이 똑바로 일어섰습니다.

그녀는 기뻐서 어쩔 줄 몰랐습니다! 단 한 순간에 하나님은 평생의 고통을 제거하셨습니다. 전혀 부끄러워하지 않고 감사하면서 그녀는 손을 높이 들고 강당을 가로질러 달렸습니다.

약 한 달이 지난 후 그녀는 치유받으러 온 다른 많은 사람들 앞에서 간증을 하기 위해 환하고 흥분에 들뜬 모습으로 치유학교에 찾아왔습니다. 씩씩하고 기운이 넘친 그녀는 하나님의 사람이 그녀에게 사역을 했을 때 경험한 것을 설명했습니다. "제 평생 처음으로 행복이 무엇인지 알았습니다. 드디어 자유하다는 놀라운 느낌이었습니다. 그것은 정말로 아름다웠습니다. 결혼식 날보다 더 좋다고 느꼈습니다! 지금 저는 정상적인 삶, 고통과 슬픔이 없는 삶이 무엇인지 압니다. 심지어 저는 이제 더 이상 고통을 어떻게 설명해야 할지 모르겠어요." 그녀는 목소리에 웃음을 띠고 계속 이야기했습니다. "제 사전에 더 이상 고통은 없습니다!"

점점 더 흥분한 그녀는 다른 사람들이 그녀의 삶에 일어난 놀라운 변화를 듣고 보았을 때 받았던 충격에 대해 간증했습니다. "아팠을 때의 저를 알던 많은 사람들이 하나님께서 우리의 매일의 삶에 얼마나 중요한 분이신지와 인간을 향한 그분의 경이로운 사랑을 깨닫게 되었습니다. 저희 엄마는 '안녕하세요.' 라거나 '안녕' 이라고 인사하시던 것을 이제는 '하나님은 역사하세요. 저는 제 딸 안에서 하나님을 보았어요.' 라고 하신답니다. 놀라울 따름이었지요!"

아름다운 새 출발

그런 다음 그녀는 이렇게 덧붙였습니다. "제 남편도 회개하여 예수님을 주님과 구원자로 영접했습니다!"

오늘날 쿠툴라는 건강할 뿐만 아니라 신성한 건강 가운데 살고 있습니다. 이는 그녀가 치유학교에서 모든 기적 중 가장 위대한 기적인 그리스도 예수 안에 있는 구원을 받았기 때문입니다. 그리하여 그녀는 기적적으로 치유를 받았을 뿐 아니라, 하나님은 그녀에게 아름다운 새 출발도 주셨습니다.

자녀의 떡

5

당신은 하나님의 자녀다!

"여자가 와서 예수께 절하며 이르되 주여 저를 도우소서 대답하여 이르시되 자녀의 떡을 취하여 개들에게 던짐이 마땅하지 아니하니라 여자가 이르되 주여 옳소이다마는 개들도 제 주인의 상에서 떨어지는 부스러기를 먹나이다 하니 이에 예수께서 대답하여 이르시되 여자여 네 믿음이 크도다 네 소원대로 되리라 하시니 그 때로부터 그의 딸이 나으니라" 마 15:25-28

예수님은 두로와 시돈 지역에 있는 한 집으로 들어가셨고, 아무도 그분이 어디에 계신지 알기를 원치 않으셨습니다. 그러나 성경은 그분이 자신을 숨길 수 없었다고 말씀합니다. 어떤 여인에게 더러운 영이 들린 딸이 있었는데 그녀가 예수님의 소문을 듣고 찾아와 도움을 청했기 때문입니다.

그녀는 예수님이 그녀의 딸에게서 악한 영을 쫓아내주시기를 원했습니다. 그녀가 유대인이 아니라는 사실을 아신 예수님은 "자녀의 떡을 취하여 개들에게 던짐이 마땅하지 아니하니라."라고 말씀하셨습니다. 그러나 그녀는 단념하지 않고 "개들도 제 주인의 상에서 떨어지는 부스러기를 먹나이다."라고 응답했습니다. 예수님은 그녀의 믿음에 감동하셨고, 그녀의 딸은 온전해졌습니다.

하나님은 선하시고 그분의 자녀들을 위해 선한 일을 하기 원하시기 때문에 치유하십니다. 오늘날 우리가 받을 수 있는 의학의 도움에도 불구하고, 불치병이라고 불리는 아픔과 질병들이 많이 있습니다. 그러나 여전히 병자를 고치시고, 누군가 필요가 있을 때 만나주실 수 있는 하늘의 하나님이 계십니다. 치유는 자녀의 떡이며, 모든 믿는 자는 하나님의 자녀입니다.

병은 더 이상 당신의 본성에 없다…

"그런즉 누구든지 그리스도 안에 있으면 새로운 피조물이라 이전 것은 지나갔으니 보라 새 것이 되었도다" 고후 5:17

사람이 그리스도를 영접하여 새로운 피조물이 될 때, 그는 부모로부터 태어났던 예전의 그 사람이 아닙니다. 비록 같은 몸을 지니고 있어도, 이제 그 사람 안에 있는 생명은 그의 생물학적 아버지로부터 온 생명이 아닙니다.

당신이 거듭나면, 당신에게는 전혀 다른 새로운 것이 있습니다. 그렇기 때문에 성경은 당신이 특별하다고 말씀합니다! 당신은 독특합니다. 당신과 같은 사람은 또 없습니다. 베드로전서 2:9에서 성경은 "그러나 너희는 택하신 족속이요 왕 같은 제사장들이요 거룩한 나라요 그의 소유가 된 백성이니…"라고 말씀합니다.

새로운 피조물에 대한 가르침의 핵심은 거듭난 사람은 새로운 생명을 받았다는 것입니다. 로마서 6:4은 다음과 같이 말씀합니다.

> "그러므로 우리가 그의 죽으심과 합하여 세례를 받음으로 그와 함께 장사되었나니 이는 아버지의 영광으로 말미암아 그리스도를 죽은 자 가운데서 살리심과 같이 우리로 또한 새 생명 가운데서 행하게 하려 함이라"

"새 생명newness of life"이라는 용어는 '질적인 새로움newness in quality'을 뜻하는 헬라어에서 나온 말입니다. 이는 전혀 다른 종류의 생명, 즉 유형과 질에 있어서 인간이나 동물이나 식물과는 전혀 다른 생명을 나타내는 표현입니다. 이는 이전에 존재했던 것이 개정되거나 일신되거나 혁신되었다는 의미에서의 새롭게 된 생명을 가리키거나 뜻하는 것이 아닙니다. 이는 파괴될 수 없는 전혀 새로운 생명입니다! 그러므로 새로운 피조물은 아플 수 없습니다. 아플 수 있던 사람은 죽었고, 대신 그 자리에 하나님의 썩지 않으며 천하무적의 생명을 지니고 있는 새로운 사람이 있습니다.

하나님은 우리가 초자연적인 생명으로 사는 것이 자연스러운 것이 되도록 하셨습니다. 새로운 피조물은 100퍼센트 신성한 존재입니다. 당신이 심령을 그리스도께 드렸을 때 받은 생명은 신성의 본질 곧 헬라어로 '조에Zoe' 생명입니다.

성경은 "육으로 난 것은 육이요 영(성령)으로 난 것은 영이니"요 3:6라고 말씀합니다. 이제 성령으로 거듭난 당신에게는 하늘 아버지와 똑같은 생명이 있습니다. 당신은 더 이상 보통 사람이 아닙니다.

당신은 하나님의 왕국의 원리로 기능하기 때문에, 다른 사람들이 내던져질 때 당신은 일으킴이 있다고 선언합니다.욥 22:29,한글킹제임스 주위에 있는 모든 사람들이 독감에 걸릴지라도, 당신만은 걸리지 않습니다. 신성한 생명이 당신 안에서 활동하고 있기 때문입니다. 요한일서 4:4은 이렇게 말씀합니다. "너희 안에 계신 이가 세상에 있는 자보다 크심이라"

당신 안에 있는 그리스도의 생명

그리스도 안에 있는 생명은 초월적인 생명super life입니다. 그 생명은 이기고 승리하는 삶의 일상의 표현입니다! 당신은 성경이 이전 것은 지나갔다고 말씀할 때 죄와 패배와 질병과 실패와 죽음에 굴복했던 옛 본성에 대해 말씀하고 있다는 사실을 깨달아야 합니다.

당신은 새 생명을 받고 새로운 피조물이 되었습니다. 당신이 이 진리를 깨닫는다면 질병과 실패는 더 이상 당신 삶의 일부가 되지 않을 것입니다. 질병과 실패는 모두 옛 본성 곧 아담의 타락한 본성의 산물이기 때문입니다.

어떤 그리스도인들이 패배, 두려움, 죄, 가난, 아픔, 질병 가운데 살아가는 이유는 그들이 과거 속에서 살고 있기 때문입니다. 그들은 아직도 과거에 해오던 것들과 그들이 빠져나왔던 곳의 사고방식으로 살아가고 있습니다. 그들은 새 생명의 실재 안으로 들어가지 못했습니다. 그들은 이 새 생명이 고군분투와 실패와 아픔과 질병이 없는 초월적인 생명이라는 사실을 깨닫지 못했습니다. 기독교는 다스리는 생명입니다. 성경은 로마서 5:17에서 "한 사람의 범죄로 말미암아 사망이 그 한 사람을 통하여 왕 노릇 하였은즉 더욱 은혜와 의의 선물을 넘치게 받는 자들은 한 분 예수 그리스도를 통하여 생명 안에서 왕 노릇 하리로다"라고 말씀합니다.

하나님은 절대 실패하지 않으시며, 변하지 않으십니다. "예수 그리스도는 어제나 오늘이나 영원토록 동일하시니라"히 13:8 그분은 변하지 않으셨습니다! 그분은 성경시대에 하신 일을 오늘날에도 능히 하시고 또 기꺼이 하십니다. 오늘 당신을 도와달라고 그분께 구하십시오. 그분은 자녀를 위해 선한 일을 하시는 것에 전문가이십니다. 치유는 당신의 떡입니다!

당신은 오랫동안 병을 앓아왔을 수도 있습니다. 당신은 휠체어 신세를 지고 지내왔을 수도 있고, 의사들이 당신에 대한 소망을 접었을 수도 있습니다. 여기를 보십시오.

당신을 위한 소식이 있습니다. 그것은 하나님이 무엇보다도 당신이 그 병상에서 일어나기를 갈망하신다는 사실입니다! 하나님은 귀먹은 사람들이 오늘 듣게 되기를 갈망하십니다. 하나님은 당신이 건강하고 번영하기를 원하십니다. 그와 반대되는 것은 어떤 것도 거부하십시오. 하나님과 일치하십시오. 그러면 당신을 향한 하나님의 소망은 실현될 수 있습니다. 그분은 당신에게 신성하고 완전한 건강을 주셨습니다. 그것은 당신의 권리입니다.

당신이 죄와 병과 죽음과 삶의 모든 환경을 다스립니다. 하나님은 당신 안에 그분의 축복을 두셨습니다. 그 축복은 특별한 자질로, 당신이 건강하고 탁월한 삶을 살게 하는 신성한 만병통치약입니다. 그것은 시온에 속한 사람들의 특징입니다. 그것은 시온에 속한 사람들을 구별시켜서 위대함과 건강과 탁월함으로 분리합니다. 하나님께 영광을 돌립니다. 당신은 그리스도 예수 안에서 새로운 피조물입니다. 당신은 초월적인 생명을 위해 지어졌습니다. 할렐루야!

아가사가 거둔 믿음의 승리　6

머리빗이 바로 앞에 있었지만 그녀는 아무리 애를 써도 집어 올릴 수가 없었습니다. 아가사 바이스Agatha Buys는 자신의 손이 통제할 수 없을 정도로 경련하는 것을 절망적으로 지켜보았습니다. 몇 분 후, 그녀는 머리빗으로 딸아이의 머리를 빗어주려고 했지만 손의 경련을 진정시킬 수 없다는 사실을 깨달았습니다. 그녀는 46세에 불과했는데, 서서히 그녀의 생명을 앗아가고 있는 병약함으로 인해 그 순간만큼은 나이가 두 배나 되는 것처럼 느껴졌습니다.

아무도 그 원인을 그녀에게 확실하게 말해줄 수 없었습니다. 그녀가 자신에게 뭔가 잘못되었다는 것을 감지한 초기 기억은 2001년 어느 일요일 오후였습니다. 그녀는 보통 일요일 오

아가사 바이스

후에 가족과 산책을 했는데 자신이 그들을 따라잡으려고 안간힘을 쓰고 있다는 것을 알아차렸습니다. 가족들이 그녀를 위해 몇 번이나 멈춰 서주었기에 그녀는 잠시나마 쉴 수가 있었습니다. 그러나 그들이 아무리 자주 멈춰 서주어도 그녀는 갑자기 자신을 압도하는 피로감을 떨쳐버릴 수가 없었습니다. 어느 순간, 그녀는 더 이상 걸을 수조차 없었습니다. 그래서 그들은 즉시 산책을 멈추고 곧장 집으로 돌아갔습니다.

아가사는 그냥 쉬면 될 것이라고 생각했는데 잠을 자고 일어난 후에도 여전히 다리에 통증이 있는 것을 느꼈을 때 그녀는 뭔가 분명히 잘못되었다는 것을 알았습니다. 그녀는 별로 심각하지 않기만을 바랄 뿐이었습니다. 그러나 처음 병원에 찾아갔을 때 그녀의 심령은 두려움으로 가득했습니다. 문제를 진단할 수 없었던 의사들은 아마도 그녀의 뇌에 문제가 있는 것 같다고 말했습니다. 그래서 의사들은 그녀에게 수술을 받을 것을 권했습니다. 그러나 몇 가지 이유로 그들은 어느 신경과 전문의를 소개하면서 그가 그녀의 문제에 대해 훨씬 더 잘 알 것이라는 소망을 가지고 그 의사에게 보냈습니다. 그때 사실 그녀는 겁에 질려 있었습니다.

계속되는 검사와 진찰 후에 그 의사는 그녀가 다발성경화증을 앓고 있다는 진단을 내렸습니다. 그 소식은 마치 1톤의 벽돌로 내리치듯이 그녀를 강타했습니다. 그녀는 "어떻게 해야 하죠?"라고 말하려 했지만, 입에서는 한 마디도 나오지 않았습니다.

마치 그녀의 마음을 읽은 듯이 의사는 설명하기 시작했습니다. "다발성경화증이란 만성적으로 진행되는 신경장애로 뼈의 특정 생체조직의 손상을 유발합니다." 아가사는 두려움으로 인해 정신을 차릴 수가 없어서 그 의사의 말이 멀리서 들리는 듯 했습니다. 그 의사는 친절한 사람이었습니다. "지금 당장 치료책은 없지만, 몇 가지 추천해드릴 만한 실천방안이 있습니다. 저는 그것들이 병의 진행을 늦추는 데 도움이 될 것이라 믿습니다."라고 말하며 그는 그녀를 안심시키고자 했습니다.

그러나 아가사는 아주 단순한 실천방안도 할 수가 없다는 사실을 깨달았습니다. 그녀는 다리가 너무도 약하다는 것을 느꼈고, 거의 움직일 수조차 없었습니다. 그녀는 줄곧 피곤했고, 때로는 너무도 기진맥진하다고 느꼈으며, 도움이 없이는 서 있거나 걸을 수도 없었습니다. 몇 번은, 물건을 가지고 가려고 할 때 손에 경련이 일어나서 접시를 깨뜨린 적도 있었습니다. 그녀가 아내와 엄마로서 책임을 다하는 것이 너무도 어려워졌습니다. 그녀에게는 아들과 딸이 한 명씩 있었는데, 자신이 아이들을 돌볼 수 없다는 것을 깨달았습니다.

그녀는 그날 아이들을 준비시켜주려고 할 때마다 절망을 느꼈습니다. 그녀는 아이들을 돌봐주는 일이 육체적으로 너무도 힘겹다는 사실을 발견했습니다. 딸아이의 머리카락을 빗어주는 것은 가슴 아픈 일이 되었습니다. 그녀의 손가락으로 머리빗을 쥘 수 없는 것을 볼 때 가슴이 찢어졌습니다. 잠시, 그 상태는 감정적으로 그녀에게 큰 타격을 주었습니다.

아가사의 이런 안타까운 상태는 한 친구가 그녀에게 치유학교에 대해 알려줄 때까지 계속되었습니다. 그녀는 친구가 하나님의 사람인 크리스 목사님을 통해 역사하는 하나님의 능력에 대해 말하면서 보인 확신과 믿음에 감동했습니다. 그녀의 심령은 큰 소망으로 가득 차게 되었습니다. 그녀는 하나님만이 자신을 다시 온전케 하실 수 있음을 감지했습니다. "저는 하나님이 크리스 목사님을 통해 저를 치유하실 것임을 알았어요."라고 말하며 그녀는 당시를 회상했습니다.

그녀가 치유학교에 들어왔을 때, 그곳의 하나님의 임재가 만질 수 있을 만큼 너무도 실재적이어서 마치 커다란 영광의 구름이 그곳 전체를 덮고 있는 듯 보였습니다. 그러고 나서 그녀가 생명을 위협하고 있는 더 심각한 상태에 처한 다른 사람들이 확신을 가지고 치유를 기대하고 있는 것을 보았을 때, 기적에 대한 그녀의 믿음은 강해졌습니다.

하나님의 사람이 걸어 들어오자, 그것은 마치 하늘로부터 강력한 군대가 들어오는 것 같았습니다. 하나님의 사람은 아주 강력한 임재를 가지고 왔지만, 그의 눈은

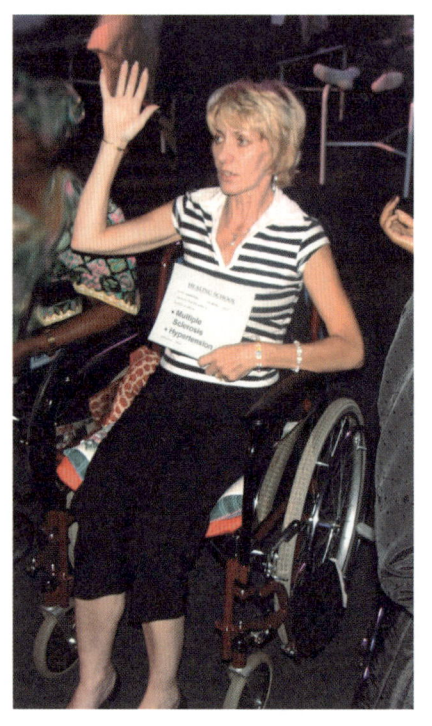

커다란 긍휼로 가득했습니다. 크리스 목사님이 아가사에게 다가섰을 때, 그녀는 그에게 시선을 고정했습니다. 그 순간, 그녀는 하나님의 성령의 기름부음이 그녀의 몸을 통해 흘러가는 것을 느꼈습니다. 하나님의 사람이 그녀를 만지면서 몸에 치유를 명하였을 때, 그녀는 자신이 절대 이전과 같은 사람이 되지 않을 것임을 알았습니다.

그녀가 하나님과 만난 절정은 하나님의 사람이 손으로 그녀를 잡고 일으켜 세웠을 때였습니다. 생각해 볼 필요도 없이, 그녀는 휠체어에서 일어나 섰습니다! 그런 다음 그녀는 계속해서 몸을 구부렸다 펴기를 반복했고, 마치 그것이 세상에서 가장 정상적인 일인 것처럼 행동했습니다. 이전에는 감히 그와 비슷한 어떤 것도 할 엄두를 내지 못했습니다. 이제 그녀의 기쁨을 막을 것이 없다는 것을 알았습니다!

그러나 하나님은 그것으로 끝내지 않으셨습니다. 하나님의 사람이 그녀로 하여금 계속 그런 동작을 하도록 이끌었을 때, 그녀는 하나님의 성령의 기름부음이 그녀의 몸을 통해 흐르는 것을 감지했

습니다. 하나님은 그녀의 치유를 온전하게 하셨습니다. 6년 만에 처음으로 그녀는 다리에 아무런 고통을 느끼지 않았습니다. 하나님은 그녀의 뼈를 완전히 치유하셨고, 그녀의 건강을 회복시켜 주셨습니다.

집으로 돌아온 아가사는 예전의 아름다운 삶을 차츰 되찾아갔습니다. "저는 더 이상 휠체어가 필요하지 않아요."라고 그녀는 크게 기뻐하며 선언했습니다. "이제 집안일도 하고요, 자유롭게 서고 걸어 다니죠. 계단도 오르고요. 균형을 되찾았답니다. 떨림은 사라졌고, 이제는 아무런 고통이나 경직됨 없이 잠을 자요. 이제는 뒤뜰에서 자전거 타기와 같은 저를 놀라게 하는 많은 일을 한답니다."

하나님은 아가사의 삶에 큰 기적을 행하셨습니다. 그래서 그녀는 하나님께 더할 나위 없이 감사를 드리고 있습니다.

그녀에게 특별히 더 감동적인 부분은 그녀의 치유가 그녀의 가족을 하나님께 더 가까이 가게 했다는 사실이었습니다. "가족은 저로 인해 하나님께 감사하지 않을 수 없답니다."라고 그녀는 말했습니다.

하나님은 그녀의 삶을 바꾸셨을 뿐만 아니라 그녀의 가족을 특별하게 만지셨고, 그

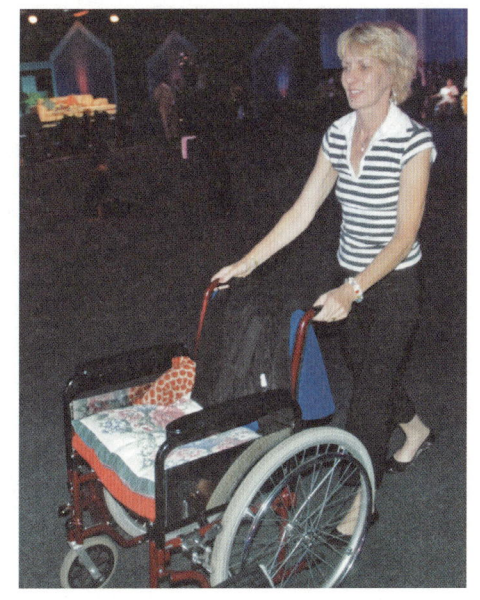

것은 그들에게 항상 남아 있을 것입니다. 참으로, 하나님은 사랑이시며 그분의 자녀들을 위해 선한 일을 하는 데 전문가이십니다.

오늘날, 아가사는 신성한 건강의 표본이고 하나님이 그녀를 위해 하신 모든 일에 계속해서 감사를 드리고 있습니다.

예수 이름 안에 있는 능력

7

바로 그 이름 안에 능력이 있다!

"제 구 시 기도 시간에 베드로와 요한이 성전에 올라갈새 나면서 못 걷게 된 이를 사람들이 메고 오니 이는 성전에 들어가는 사람들에게 구걸하기 위하여 날마다 미문이라는 성전 문에 두는 자라 그가 베드로와 요한이 성전에 들어가려 함을 보고 구걸하거늘 베드로가 요한과 더불어 주목하여 이르되 우리를 보라 하니 그가 그들에게서 무엇을 얻을까 하여 바라보거늘 베드로가 이르되 은과 금은 내게 없거니와 내게 있는 이것을 네게 주노니 나사렛 예수 그리스도의 이름으로 일어나 걸으라 하고" 행 3:1-6

이 성경구절은 예수의 이름에 엄청난 능력이 있다는 사실을 우리에게 알려줍니다. 베드로는 예수의 이름 안에 있는 능력을 알고 깨달았습니다. 그는 그 이름이 무엇을 수행할 수 있는지와 그 이름을 사용하는 방법도 알았습니다. 그는 성전 미문에 있던 앉은뱅이에게 "…내게 있는 이것을 네게 주노니 나사렛 예수 그리스도의 이름으로 일어나 걸으라"고 말했습니다. 베드로는 자기에게 무언가 있다는 사실을 알았습니다!

당신에게 무언가 있다는 사실을 아십니까? 당신이 거듭나면, 당신의 삶과 다른 사람들의 유익을 위해 사용할 수 있는 예수의 이름이 당신에게 주어집니다. 당신은 당신의 몸과 당신의 자녀와 당신의 가정과 당신의 사업에 대해 그 이름을 사용할 수 있습니다. 당신의 몸이 병약하다면, 당신은 그 질병에 대해 예수의 이름을 사용하여 당신의 몸에서 떠날 것을 요구할 수 있고, 그러면 그렇게 될 것입니다.

예수의 이름을 사용하기

"내가 진실로 진실로 너희에게 이르노니 나를 믿는 자는 내가 하는 일을 그도 할 것이요 또한 그보다 큰 일도 하리니 이는 내가 아버지께로 감이라 너희가 내 이름으로 무엇을 구하든지 내가 행하리니 이는 아버지로 하여금 아들로 말미암아 영광을 받으시게 하려 함이라 내 이름으로 무엇이든지 내게 구하면 내가 행하리라" 요 14:12-14

많은 사람들이 이 성경구절에서 예수님이 기도에 관해 말씀하시는 것이라고 잘못 믿어왔지만, 사실은 그렇지 않습니다. 예수님은 그분의 이름으로 요구하는 것에 대해 말씀하고 계셨습니다. 예수님은 당신이 그분의 이름으로 요구하면, 그분이 그 일을 이루어지도록 관철시키겠다고 말씀하신 것입니다. 할렐루야! 예수님이 원하신 것은 당신이 그런 요구를 할 때 하나님의 능력이 당신을 지지한다는 것을 당신이 아는 것입니다. 이 얼마나 영광스러운 소식입니까!

이 점을 깨달으십시오. 요한복음 16:23에서 예수님은 우리에게 기도하는 법에 관해 가르쳐주셨지만, 여기 요한복음 14:14에서는 그분의 이름으로 요구하는 법을 보여주고 계십니다. 그러므로 이 둘은 전적으로 다른 것입니다.

우리는 생명 안에서 통치하고 다스릴 수 있는 권세를 받았습니다.롬 5:17 우리는 왕과 제사장이기에겨 5:10, 예수의 이름으로 상황을 향해 말하면, 예수님이 능력으로 그 요구사항을 지지해주실 것이라는 보장이 있습니다!

그러므로 당신은 혹을 향해 "예수의 이름으로 내 몸에서 떠날 것을 요구한다."고 말할 수 있고, 그러면 그 혹은 떠나야 합니다! 당신은 당신의 자녀를 위협하고 있는 그 질병을 향해 "질병아, 예수의 이름으로 명하노니, 내 자녀를 놓아주어라."라고 말할 수 있고, 그러면 그 질병은 떠날 수밖에 없습니다! 이것이 바로 베드로가 성전미문에 있던 앉은뱅이에게 정확히 행한 바입니다. 베드로는 그에게 "나사렛 예수 그리스도의 이름으로 일어나 걸으라."고 말했습니다. 베드로는 그 사람이 일어나 걷도록 요구했습니다. 그러자 그 사람은 그렇게 했습니다.

성경은 베드로가 "오른손을 잡아 일으키니 발과 발목이 곧 힘을 얻고"행 3:7라고 말씀합니다. 나중에 베드로는 예수의 이름에 대한 그의 믿음이 그 사람을 강건케 했다고 증언했습니다.

그러므로 우리는 예수의 이름으로 요구할 수 있습니다. 너무도 많은 하나님의 자녀들이 자신들의 몸에 요구할 수 있음에도 불구하고 불필요한 고통을 당하고 있습니다. 당신은 당신의 몸에 요구할 수 있고, 또한 그래야 합니다. 당신이 아픔과 질병을 앓아왔다면, 당신의 몸을 향해 예수의 이름으로 건강하게 될 것을 명해야 합니다.

나는 몸에 종양이 있었던 한 여인에게 사역했던 일을 기억합니다. 나는 그녀에게 종양부위에 손을 얹도록 요구했고, 그 부위를 가리키면서 예수의 이름으로 떠날 것을 명령했습니다. 내가 그렇게 말하자, 종양은 그녀의 몸에서 돌아다녔습니다. 그래서 나는 다시 종양을 향해 "예수의 이름으로 너는 이 여자 안에서 돌아다니지 못한다. 나와라!"라고 말했습니다. 종양은 즉시 사라졌습니다.

또 다른 경우에, 나는 등에 달걀보다도 더 큰 혹이 달려 있는 남자에게 사역한 적이 있습니다. 나는 그 혹에 손을 얹고는 예수의 이름으로 떠나라고 명령했습니다. 혹은 속으로 들어갔다가 다시 나왔습니다. 나는 실제로 혹이 움직이는 것을 느꼈습니다. 내가 다시 예수의 이름으로 말하면서 그 혹을 누르자, 혹은 사라졌습니다. 실제로 전에 혹이 있던 자리가 평평하게 되었습니다!

이는 예수의 이름을 사용하는 법의 예입니다. 당신은 당신의 삶과 몸에 있는 부정적인 상황과 환경을 바로잡기 위해 예수의 이름을 사용할 수 있습니다. 당신은 현재의 상황을 받아들여서는 안 됩니다. 예수의 이름 안에 부여된 놀라운 능력을 사용하십시오. 하나님이 당신에게 주신 권세를 행사하고, 오늘 예수의 이름으로 요구하기 시작하십시오.

이런 표적이 당신을 따를 것이다

성경은 이렇게 말씀합니다.

> "또 이르시되 너희는 온 천하에 다니며 만민에게 복음을 전파하라 믿고 세례를 받는 사람은 구원을 얻을 것이요 믿지 않는 사람은 정죄를 받으리라 믿는 자들에게는 이런 표적이 따르리니 곧 그들이 내 이름으로 귀신을 쫓아내며 새 방언을 말하며 뱀을 집어올리며 무슨 독을 마실지라도 해를 받지 아니하며 병든 사람에게 손을 얹은즉 나으리라 하시더라" 막 16:15-18

예수님은 그들이 그분께 속한 자들임을 세상이 알게 하는 증명서들을 제시하셨습니다. 예수님은 이런 표적이 복음 전도자나 사도들에게 따를 것이라고 말씀하지 않으셨습니다. 예수님은 "믿는 자들에게" 따를 것이라고 말씀하셨습니다. 예수님을 믿는 모든 사람은 이런 표적이 따를 자격이 있습니다. 예수님은 우리가 마귀를 쫓아내고 병든 자를 고칠 것이라고 약속하고 계시는 것이 아닙니다. 그렇습니다. 예수님은 우리의 신성한 증명서들을 보여주고 계신 것입니다!

당신이 병든 사람에게 손을 얹어서 그들이 회복될 자격이 당신에게 있다면, 하물며 당신의 몸은 어떻겠습니까? 다른 사람의 몸이 당신의 말에 반응한다면, 당신의 몸 역시 당신의 말을 들을 것입니다! 당신은 당신의 몸에게 말할 수 있습니다. 당신은 당신의 몸에 예수의 이름으로 치유를 요구하고, 변화를 보기를 기대할 수 있습니다.

하나님은 믿는 우리를 향한 그분의 능력의 지극히 크심을 우리가 알기를 바라십니다.엡 1:19 우리를 향한 이 능력은 하나님이 죽은 자 가운데서 그리스도를 살리셔서 하늘에서 그분의 우편에 앉히셨을 때 그리스도 안에 나타내신 능력과 동일한 것입니다. 하나님이 예수님을 죽은 자 가운데서 살리시기 위해 그분의 능력을 쏟으셨을 때, 우리는 예수님 안에 있었습니다. 그래서 우리는 그 위대한 부활의 아침에 그리스도와 함께 일어났습니다.

이제, 우리는 이생에서 통치하기 위해 그분과 함께 앉아 있습니다! 우리는 더 이상 병과 연약함에 굴복해서는 안 됩니다. 우리에게는 병과 연약함을 다스리도록 예수의 이름을 사용할 권리가 있습니다!

당신에게는 모든 능력이 있다!

"내가 너희에게 뱀과 전갈을 밟으며 원수의 모든 능력을 제어할 권능을 주었으니 너희를 해칠 자가 결코 없으리라" 눅 10:19

예수님은 우리에게 원수의 모든 능력을 제압할 "권능"을 주셨습니다. 여기에서 '권능power' 이라는 단어는 헬라어 '엑수시아Exousia' 를 번역한 것으로 '권세' 또는 '위임된 능력' 을 의미합니다. 우리에게는 원수의 모든 능력을 제압할 위임된 능력이 있습니다. 마귀가 어떤 식으로 하려 하든, 어떤 수단을 통해 활동하려 하든 상관없습니다. 우리에게는 마귀의 모든 능력을 제압할 예수의 이름 안에 있는 권세가 있습니다.

그러므로 마귀가 할 수 있는 것은 아무것도 없습니다.

예수의 이름에는 원수가 당신에게 가져올 수 있는 모든 질병을 제압할 능력이 있습니다. 그것이 어떤 이름의 질병이든지 상관없이, 예수의 이름은 그보다 더 크고 강합니다! 하나님은 '예수'라는 이름을 모든 이름 위에 월등히 높이셨습니다. 성경은 "이러므로 하나님이 그를 지극히 높여 모든 이름 위에 뛰어난 이름을 주사 하늘에 있는 자들과 땅에 있는 자들과 땅 아래에 있는 자들로 모든 무릎을 예수의 이름에 꿇게 하시고"빌 2:9-10라고 말씀합니다.

암은 이름입니다. 말라리아는 이름입니다. 에이즈HIV는 이름입니다. 관절염은 이름입니다. 이름을 가진 것은 무엇이든지 예수의 이름에 굴복해야 하듯이, 우리가 그것들에 예수의 이름을 사용할 때도 그것들은 우리의 권세에 복종해야 합니다. 그렇게 하신 하나님께 감사드립니다! 오늘 당신의 몸을 괴롭히는 아픔이나 질병이 있다면, 당신에게 예수의 이름으로 그것을 처리할 충분한 능력이 있다는 것을 알기 바랍니다.

1985년 어느 땐가 나는 말씀을 전하고 있었는데, 갑자기 눈에 불편함을 느끼기 시작했습니다. 마치 눈 안에 작은 돌이 있는 것 같았고, 나는 그 돌이 빠져나갈 것이라고 생각하며 계속 눈을 문지르고 있었습니다. 24시간 이내에 내 한쪽 눈은 빨갛게 되었고 부풀어 올랐습니다. 아주 놀랍게도, 내가 매우 전염성이 강한 눈병의 일종인 결막염에 걸렸다는 소리를 들었습니다.

나는 이전에는 결막염이 무엇인지 몰랐지만, 속으로 '내가 돌이 들어간 줄 알고 눈을 문지르는 동안 그게 무엇인지 알았더라면 뭔가를 할 수 있었을 텐데.'라고 생각했습니다. 나는 결막염을 저주하면서 뿌리부터 죽고 내 몸에서 떠나라고 말했고, 이틀 후에 눈은 깨끗해졌습니다.

다음 해, 다시 '결막염의 계절'이 찾아왔고, 내 주위의 많은 사람들이 결막염에 감염되었습니다. 그러나 나는 이렇게 말했습니다. "예수의 이름으로 이번에는 결막염에 걸리지 않을 것이다." 내가 결막염에 걸린 사람들과 얼마나 많이 접촉했는지와 상관없이

나는 결막염에 걸리지 않을 것이라고 계속해서 말했습니다. 하나님을 찬양합니다! 그 후로 20년 이상이 지났지만, 나는 두 번 다시 결막염에 걸린 적이 없습니다. 앞으로도 그럴 것입니다! 나는 내 삶에서 결막염을 쫓아내고, 다시 들어오지 못하도록 예수의 이름 안에 있는 나의 권세를 사용했습니다!

예수의 이름 안에는 능력이 있습니다. 예수의 이름은 우리에게 마귀와 모든 병과 연약함을 다스릴 절대적인 지배권을 줍니다. 하나님의 사람들에게 필요한 것은 그 이름 뒤에 있는 능력을 이해하고, 그 이름을 적용하는 법을 아는 것입니다. 당신은 오늘 예수의 이름으로 요구하기 시작할 수 있습니다. 당신의 몸에게 어떻게 기능하기 원하는지를 말하십시오. 몸은 그 말에 응할 것입니다! 예수님은 나무에게, 바람과 파도에게, 심지어는 시체에게 말씀하셨고, 하나님이 지으신 모든 것에는 알아듣는 지성이 있다는 사실을 입증하셨던 것을 기억하십시오. 당신의 몸과 당신 주변의 환경은 알아들을 수 있는 지성을 가지고 있습니다. 그러므로 오늘 예수의 이름으로 그것들을 향해 말하십시오!

진리는 사람들이 겪는 많은 병의 원인이 귀신 때문이라는 것입니다. 당신이 의학으로 해결할 수 없는 상태를 겪어왔다면, 그것을 거부하여 달라붙지 못하게 하십시오. 당신은 예수의 이름으로 그 마귀를 쫓아낼 수 있고 또 마땅히 그래야 합니다. 기억하십시오. "믿는 자들에게는 이런 표적이 따르리니 곧 그들이 내 이름으로 귀신을 쫓아내며 새 방언을 말하며 뱀을 집어올리며 무슨 독을 마실지라도 해를 받지 아니하며 병든 사람에게 손을 얹은즉 나으리라 하시더라." 막 16:17-18

하나님의 능력으로 사라진 암!

8

로렌조Lorenzo는 일찍이 그의 아들 리키Ricky의 배가 약간 튀어나와 있는 것을 목격했지만 대수롭지 않게 생각했습니다. 언젠가 리키가 변비에 걸렸을 때 배가 부풀어 오른 적이 있었는데, 변비 때문에 배가 튀어나와 있는 것처럼 보였습니다.

그러나 며칠 후 그는 매우 걱정이

로렌조와 그의 아들 리키

되었습니다. 리키의 배가 여전히 부풀어 올라 있을 뿐만 아니라 더 이상 머리를 가누지도 못했습니다. 리키는 머리를 이상하게 기울이고 있었고 아주 심한 고통을 겪는 것처럼 보였습니다. 공포와 절망 속에서 그는 아들을 데리고 병원으로 달려갔습니다.

리키에 대한 진단결과는 좋지 않았습니다. 의사들은 검사에서 약 1킬로그램이나 되는 종양이 리키의 위에 붙어 있는 것을 발견했습니다. 그들은 리키가 신경아세포 종양이라는 희귀 암에 걸렸다고 설명했습니다. 로렌조의 가슴은 두려움으로 쿵쿵거렸습니다.

'배가 약간 부풀어 오른 것이 어떻게 암이 될 수 있지?' 하고 그는 의아해했습니다.

의사는 계속해서 "현재 암이 아이의 두개골, 척수, 골수, 골반에까지 퍼졌습니다. 암이 더 퍼지는 것을 막으려면 즉시 조치를 취해야 합니다. 당신 아들의 생존율은 25%밖에 되지 않습니다."라고 말했습니다.

'이것은 내 평생의 최악의 소식이었어.' 하고 나중에 그는 그때를 떠올렸습니다.

리키는 즉시 항암치료를 시작했습니다. 그러나 항암치료는 리키의 상태를 향상시키기는커녕 오히려 더 악화시켰습니다. 너무도 강한 치료는 리키의 침샘을 손상시켜 미각을 잃게 만들었습니다.

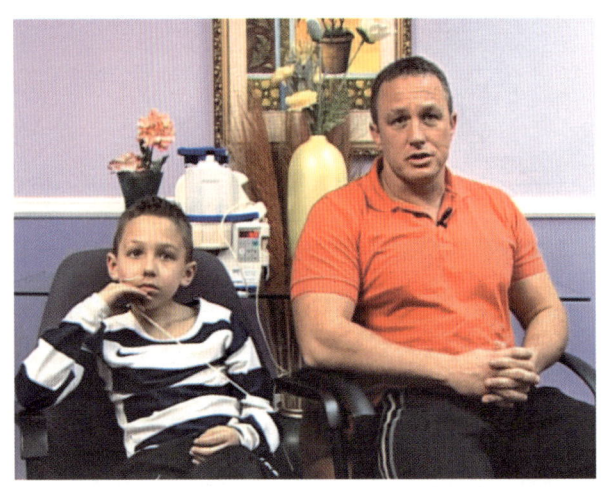

그 결과 리키는 식욕을 완전히 잃어버렸고, 더 이상 아무것도 먹으려 하지 않았습니다. 이런 상황은 로렌조를 더 큰 절망으로 빠뜨렸습니다. 그의 아들은 아플 뿐 아니라 급속도로 영양부족 상태가 되어갔습니다. 해결책을 모색한 끝에, 의사들은 특별 영양식을 리키의 위장관으로 보낼 영양 공급 장치를 달도록 조치했습니다. 그 장치에는 리키의 콧구멍을 통해 위로 삽입되는 튜브가 달려 있었습니다.

리키는 항암치료를 받은 후에 자주 토하곤 했는데, 그럴 때면 튜브가 목에서 빠지곤 했습니다. 이런 일이 일어날 때마다 튜브를 제자리에 다시 장착하는 것은 힘든 일이었습니다. 몇 차례나 튜브가 리키의 콧구멍에서 목구멍에 이르는 통로로 삽입되지 않으면, 리키는 심하게 토하곤 했습니다. 이런 장면은 특별히 로렌조의 가슴을 아프게 했습니다.

리키의 상태는 그에게 심적으로 큰 타격을 줄 수밖에 없었습니다. 때로 그는 무거운

짐이 영구히 자신에게 놓인 것같이 느꼈습니다. "내 삶은 온통 지금 이 암에 집중되어 있어. 내가 먹든 자든 일하든 나는 온통 이 암에 대한 생각뿐이고, 내 아들이 죽지 않기를 바랄 뿐이야."라고 그는 탄식했습니다.

로렌조는 치유학교에 대한 소식을 들었을 때 해답을 찾았다는 것을 알았습니다. 조금의 망설임도 없이 그는 다음번 치유학교에 대한 정보를 얻었고, 남아공의 요하네스버그에 체류할 일정을 잡았습니다. 그는 아들과 네덜란드에 살고 있었지만 거리는 그를 지체시킬 수 없습니다. 그는 아들이 나을 것이라고 확신했습니다.

치유학교에서 리키는 치유사역이 시작되는 순간을 기다리면서 아빠의 팔에 안겨 있었습니다. 세계 각지에서 온 여러 다른 사람들과 함께 큰 강당에 앉아 있던 로렌조는 이전에는 알지 못했던 방식으로 하나님의 사랑이 따뜻하게 감싸는 것을 느꼈습니다.

치유집회가 시작되고 조금 후에 찬양단이 경배로 회중을 이끌었고, 그는 자신의 심령을 하나님께 쏟았습니다. 그런 다음 크리스 목사님이 강당 안으로 들어왔습니다. 크리스 목사님이 치유받기 위해 서 있는 사람들 각각에게 사역하자, 아들의 치유에 대한 그의 믿음은 강해졌습니다. 몇 분이 지나고, 하나님의 사람이 무릎에 아들을 안고 있는 바로 그의 앞에 섰습니다.

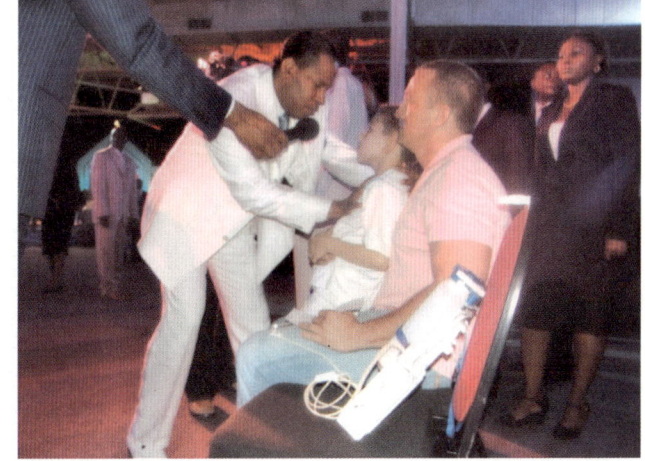

하나님의 사람은 어린 리키에게 자기를 똑바로 쳐다보라고 지시했습니다. 그런 다음 리키의 가슴에 손을 얹고는 얼굴에다 입으로 기름부음을 불었습니다. 바로 그 순간, 하나님의 사람은 "치유되었다!"고 선언했습니다. 그 즉시 리키는 아빠의 무릎에서 뛰어나와 강당을 가로질러 달려

갔습니다! 로렌조는 기쁨의 눈물을 흘리면서 아들을 팔로 덥석 안고는 기적을 베푸신 하나님을 찬양했습니다.

"그것은 내 안에 닫혀 있던 사물함이 열리고 악한 영들이 내 몸에서 빠져나가는 것 같은 느낌이었어요."라고 나중에 리키가 그의 아빠에게 말했습니다.

여섯 달 후 집으로 돌아온 리키는 아무런 걱정 없이 친구들과 놀았습니다. 리키는 영양 공급 장치의 도움 없이도 정상적으로 음식을 먹었고, 원하는 것은 무엇이나 먹을 수 있었습니다.

아직도 큰 기쁨과 흥분으로 가득한 로렌조는 이렇게 간증했습니다. "리키는 완전히 다른 아이가 되었어요! 모든 것을 하고 모든 것을 먹고 있어요! 지금 이 장치(영양 공급 튜브)를 던져버릴 수 있어요!" 하나님은 리키를 완전히 온전케 하셨습니다. 참으로 당신이 믿을 수만 있다면 어떤 것도 가능합니다. 마 19:26

건강을 완전히 회복하여
친구와 놀고 있는 리키

하나님과 같은 종류의 믿음　9

"이제 믿음은…"

> "예수께서 그들에게 대답하여 이르시되 하나님을 믿으라 내가 진실로 너희에게 이르노니 누구든지 이 산더러 들리어 바다에 던져지라 하며 그 말하는 것이 이루어질 줄 믿고 마음에 의심하지 아니하면 그대로 되리라" 막 11:22-23

이 성경구절은 주님이 직접 하신 가장 심오한 말씀들 중 하나입니다. 좋은 관주성경은 예수님이 실제로는 "하나님의 믿음을 가져라 Have the faith of God"라고 말씀하셨음을 알려줍니다. 다른 말로 하면, "하나님과 같은 종류의 믿음을 가져라 Have the God-kind of faith"라는 말입니다. 주님의 입에서 나온 이 말씀은 여러 종류의 믿음이 있다는 것을 우리에게 알려 줍니다. 그러나 제자들은 하나님과 같은 종류의 믿음을 가지라는 권면을 받았습니다.

성경은 히브리서 11:1에서 "믿음은 바라는 것들의 실상이요 보이지 않는 것들의 증거니"라고 말씀합니다. 나는 믿음을 보이지 않는 실재에 대한 증거라고 정의하고 싶습니다. 믿음은 당신이 소망한 것이 육신의 눈으로 보기 전에 이미 당신 것임을 확증할 수 있는 이유와 근거를 당신에게 제공합니다. 믿음은 무언가 신체 감각에는 분명치 않지만 그것이 존재한다는 증거입니다.

믿음은 감각의 영역에 있지 않습니다. 믿음은 이성과 마음mind의 영역을 초월합니다. 믿음은 영적 힘이며 인간의 영의 속성 중 하나입니다. 그러므로 나는 믿음을 하나님의 말씀에 대한 인간의 영의 반응이라고 정의합니다. 믿음은 분별없이 어둠 속으로 뛰어드는 것이 아니라, 하나님의 말씀으로 뛰어드는 것입니다. 믿음은 당신 주위에 반대되는 그 어떤 증거에도 상관없이, 하나님의 말씀이 말씀하신 대로 믿고 행동하는 것입니다.

두 종류의 믿음

일반적으로, 두 종류의 믿음이 있습니다. 첫 번째로, 마가복음 11:22에서 드러나듯이 '하나님과 같은 종류의 믿음the God-kind of faith'이 있습니다.

그리고 두 번째로, '인간과 같은 종류의 믿음the human kind of faith'이 있습니다.

인간과 같은 종류의 믿음은 감각으로부터 얻은 지식 또는 정보에 근거한 믿음입니다. 이런 종류의 믿음은 물리적으로 보거나 만질 수 있는 것만을 실재라고 말합니다. 이런 종류의 믿음은 어떤 결과도 낳지 못합니다. 당신에게 어떤 것도 주지 못합니다. 이는 진정한 믿음이 아닙니다. 왜냐하면 믿음은 감각이 보지 못하거나 인지하지 못하는 것에 대한 증거이기 때문입니다.

이런 종류의 믿음으로 활동한 사람에 대한 좋은 예는 예수님의 제자 중 한 명인 도마입니다. 도마는 주님이 죽은 자 가운데서 살아나셨다는 소식을 들었을 때 "내가…보지 않고는 믿지 아니하겠노라"요 20:25라고 말했습니다. 얼마 되지 않아 예수님이 나타나셔서 도마를 꾸짖으시며 "믿음 없는 자가 되지 말고 믿는 자가 되라"요 20:27고 말씀하셨습니다. 다른 말로 하면, 도마는 사실 믿음이 없는 자라는 말입니다! 그러므로 보는 것이 믿는 것이라고 말하는 사람은 성경에 의하면 믿음이 없는 자입니다. 인간과 같은 종류의 믿음은 결코 믿음이 아닙니다. 그것은 제로 믿음zero-faith입니다. 나는 그것을 '도마와 같은 종류의 믿음the Thomas-kind of faith'이라고 부르고 싶습니다.

예수님은 계속해서 도마에게 이렇게 선언하셨습니다. "보지 못하고 믿는 자들은 복되도다"요 20:29 복된 사람은 보기 전에 믿는 사람입니다.

당신에게는 믿음이 있다!

당신은 거듭났을 때, 믿음의 그 분량the measure of faith을 받았습니다. 성경은 로마서 12:3에서 "하나님께서 각 사람에게 나누어 주신 믿음의 분량대로…"라고 말씀합니다. 이 말은 모든 믿는 사람이 구원받은 순간 동일한 분량의 믿음the same measure of faith을 받았다는 뜻입니다. 그러나 그 예치된 분량의 믿음으로는 모든 것을 하기에 충분하지 않습니다. 하나님은 당신이 그 믿음의 분량을 키우기를 기대하십니다. 당신의 믿음을 강하게 키우는 것은 당신의 책임입니다.

사실상 새로운 피조물의 계시라 할 수 있는 모든 서신서에서 성령님은 특별히 그리스도인들에게 하나님에 대한 믿음을 가지라고 가르치신 적이 없습니다. 그 이유는 단순합니다. 그리스도인에게 믿음은 삶의 방식이기 때문입니다. 이는 "나의 의인은 믿음으로 말미암아 살리라"히 10:38라고 말씀하기 때문입니다. 믿음은 믿는 자를 위한 신약의 원리입니다. 믿는 자는 결코 하나님에 대한 믿음을 가지라는 권면을 받은 적이 없습니다. 왜냐하면 우리의 삶은 믿음에 의한 삶이기 때문입니다. 다른 말로 하면, 우리에게는 이미 하나님과 같은 종류의 믿음의 분량이 있다는 말입니다.

당신의 믿음을 자라게 하라

성경은 우리에게 "믿음은 들음에서 나며 들음은 그리스도의 말씀으로 말미암았느니라"롬 10:17라고 알려 줍니다. 당신이 심령에 하나님의 말씀을 쌓아둘수록, 당신의 믿음은 점점 더 커집니다. 당신이 영 안으로 하나님의 말씀을 적게 받아들일수록, 도전에 직면할 때 표현할 수 있는 믿음은 점점 적어집니다.

당신의 믿음을 자라게 하는 지름길은 없습니다. 하나님의 말씀을 먹는 것만이 단 하나의 확실한 길입니다. 따라서 당신이 하나님의 말씀에 지속적으로 귀를 기울이고, 공부하고 묵상하는 습관을 기르는 것이 중요합니다.

당신에게 건강의 문제가 있거나 소망 없는 상황에 처해 있다면, 말씀으로 가십시오! 말씀을 공부하는 자가 되십시오. 당신의 상황에 적용되는 성경말씀을 부지런히 찾아서 공부하십시오. 성경은 호세아 4:6에서 하나님의 많은 자녀들이 하나님의 말씀에 대한 지식이 없기 때문에 망하고 멸망한다고 우리에게 알려 줍니다.

그러므로 당신의 영을 하나님의 말씀으로 범람케 하며, 당신의 마음mind을 하나님의 말씀으로 폭격하십시오. 당신의 믿음은 높이 날아오르게 될 것이며, 당신은 삶의 모든 장애물과 반대되는 환경을 향해 당신의 믿음을 풀어놓을 준비를 잘 갖추게 될 것입니다.

디모데전서 4:15한글킹제임스에서 성경은 "이 일들을 묵상하고 이 일들에 전념하여 너의 진전이 모든 사람들에게 드러나게 하라"고 말씀합니다. 하나님의 말씀이 당신의 마음mind을 장악하여 당신이 생각하고 아는 모든 것이 말씀이 말하는 대로 될 때까지 계속해서 하나님의 말씀을 묵상하십시오. 당신이 완전히 설득되어서 그 무엇도 그 누구도 당신을 향한 하나님의 최고를 누리지 못하게 방해할 수 없을 때까지 그렇게 하십시오.

성경은 아브라함이 "(하나님은) 약속하신 그것을 또한 능히 이루실 줄을 확신하였을[완전히 설득되었을]"롬 4:21때까지 하나님의 약속을 묵상했다고 말씀합니다. 아브라함은 완전히 설득되었습니다(확신했습니다). 아브라함이 자신의 생각을 하나님의 약속에 고정시켰기 때문입니다. 아브라함은 하나님의 약속과 반대되는 다른 모든 생각을 거절하고 개의치 않았습니다. 당신이 하나님의 말씀을 당신의 영에 계속해서 먹이면, 당신의 믿음은 자라서 당신이 삶의 가장 큰 도전에 직면할 때 굳건히 서 있게 해줄 것입니다.

하나님과 같은 종류의 믿음

주님이 마가복음 11:23에서 우리에게 하나님과 같은 종류의 믿음을 갖도록 권면하신다는 사실을 알아차리는 것이 중요합니다. 이는 우리가 하나님과 같은 종류의 믿음으로 기능할 수 있고 또 그렇게 해야 한다는 뜻입니다. 앞서 예수님은 열매를 도저히 찾을 수 없었던 무화과나무를 향해 "이제부터 영원토록 사람이 네게서 열매를 따 먹지 못하리라…"막 11:14라고 말씀하셨습니다. 성경은 같은 구절에서 "제자들이 이를 듣더라"막 11:14라고 말씀합니다.

다음 날 제자들이 바로 그 무화과나무 곁을 지나게 되었는데 그 나무가 뿌리부터 말라 죽은 것을 발견했습니다. "베드로가 생각이 나서 여짜오되 랍비여 보소서 저주하신 무화과나무가 말랐나이다 예수께서 그들에게 대답하여 이르시되 하나님을 믿으라"막 11:21-22 앞서 지적했듯이, 예수님은 실제로는 "하나님과 같은 종류의 믿음을 가져라"라고 말씀하신 것입니다.

그런 다음, 예수님은 "내가 진실로 너희에게 이르노니 누구든지 이 산더러 들리어 바다에 던져지라 하며 그 말하는 것이 이루어질 줄 믿고 마음에 의심하지 아니하면 그대로 되리라"막 11:23라고 말씀하셨습니다.

예수님은 제자들에게 "너희가 산에게 말할 수 있다"고 말씀하고 계셨던 것입니다. 예수님이 말씀하신 것의 핵심은 당신이 말하는 것을 당신이 얻게 된다는 것입니다.

하나님과 같은 종류의 믿음은 산에게 말하는 것이고, 그러면 그 산은 순종합니다. 당신이 이런 종류의 믿음으로 기능할 때, 당신은 말하고, 그 말한 대로 당신에게 이루어진 것을 얻게 됩니다. 당신은 당신이 한 말이 이루어질 것을 확신합니다. 암에 걸린 모든 사람이 이 사실을 알았더라면 그들의 세상은 완전히 달라졌을 것입니다. 당신이 수술에 대해 생각하기 전에 이 사실을 생각해보십시오. 이는 당신의 생명이 당신 손에 있다는 사실을 보여줍니다. 그러므로 하나님께 울부짖으면서 당신에게서 질병을 제거해

달라고 말하지 마십시오. 병을 향해 떠나라고 말하십시오! 그것이 바로 하나님과 같은 종류의 믿음입니다.

하나님을 모방하라

성경은 이런 종류의 믿음이 강력하게 나타난 장면을 창세기 1장에서 보여줍니다. 땅은 형태가 없고 공허했습니다. 땅은 혼돈의 덩어리였습니다.창 1:2전반절 그러자 하나님의 영이 그 상황을 품기 시작하셨습니다. "하나님의 영은 수면 위에 운행하시니라"창 1:2후반절 그리고 하나님은 말씀하기 시작하셨습니다. "빛이 있으라…"창 1:3 하나님은 말 그대로 모든 창조물을 향해 존재하라고 말씀하셨습니다.창 1:1-27 이것이 바로 하나님과 같은 종류의 믿음이 작동하는 방식입니다.

그리스도인에게는 높은 부르심이 있습니다. 우리는 하나님과 같은 부류에 속한 자들입니다. 우리에게는 하나님의 수준에서 기능할 수 있는 능력이 있습니다. 우리는 하나님이 다루셨던 방식으로 상황을 다루어서 하나님과 같은 종류의 결과를 얻을 수 있습니다. 하나님과 같은 종류의 믿음은 어떤 것도 바꿀 수 있습니다. 그 믿음은 불가능을 인정하지 않습니다.

그러므로 하나님을 모방하는 법을 배우십시오.엡 5:1 당면한 상황과 관련된 하나님의 말씀을 받아들여서 담대하게 선언하십시오. 당신의 입에 그 말씀을 지키며, 그 말씀이 당신 삶에 초자연적인 결과를 낳는 것을 지켜보십시오!

당신이 특정 상황에 대해 말씀을 선언했는데 변화가 없고 모든 것이 이전과 같아 보일지라도, 육신의 눈에 보이는 대로 받아들이지 마십시오. 하나님이 말씀하시는 것을 믿고 계속 말하십시오! 그것이 바로 하나님과 같은 종류의 믿음입니다.

운명의 날

10

누구나 각자의 세상에서 명성을 얻고자 하는 갈망, 곧 의미 있는 자가 되어 그가 온 것을 세상에 알리고자 하는 뿌리 깊은 열망이 있습니다. 이 갈망은 하나님께서 이유가 있어서 모든 사람을 지으시고 낳으셨다는 진리를 반영합니다.

브루노 마비알라Bruno Mabiala는 마케팅 자격증 과정을 마쳤을

때 신중하게 계획된 몇 년을 보냈습니다. 그는 단체들이 조사와 연구를 통해 마케팅 전략을 발전시키도록 도우려 했습니다. 마음을 집중하고 확고하게 결심한 그는 통신 판매회사에서 고객을 증진시키고 격려하는 책임을 담당하는 판매원으로 일을 시작했습니다.

원래 콩고의 브라자빌 출신인 브루노는 1996년에 공부하러 남아공으로 여행을 했습니다. 그러나 자격증을 얻은 후에도 그는 이모와 함께 남아공에 머무르기로 선택했습니다. 2006년 어느 토요일 저녁 7시 경에 이상한 일이 일어났습니다. 그는 소변을 보고 싶었지만, 그럴 수가 없었습니다. 방광이 가득 차지 않아서 그렇다고 생각한 그는 다시 잠자리에 들었습니다. 그러나 밤중 어느 땐가 그는 다시 소변을 너무도 누고 싶었습니다. 그때 그는 방광이 아주 묵직하다고 느꼈지만, 아무리 소변을 누려고 해도 소변이 나오지 않았습니다.

그러자 두려움의 전율이 몸에 흐르기 시작했습니다. 그는 삶에서 그런 것을 경험한 적이 없었고, 그 상황을 어떻게 처리해야 할지 어쩔 줄 몰라했습니다. 아침이 되면 모든 것이 정상이 될 것이라는 희망을 가지고 다시 잠자리에 들기로 결정했습니다. 그러나 밤새 그는 쥐어짜는 듯한 고통과 복부에 심한 묵직함을 느꼈습니다. "나는 그런 고통이 있는 줄 알지 못했습니다."라며 그는 그때를 회상했습니다. 고통으로 인해 그는 밤새도록 자지 못하고 깨어 있었습니다.

다음 날 아침, 그의 이모는 즉시 주치의를 불렀고, 주치의는 그를 진찰하고는 자기가 근무하는 병원의 외과의에게 가보라고 했습니다. 외과의는 강제로 소변을 배출시키려고 했지만 잘 되지 않았습니다. 그의 방광은 묵직한 상태로 남아 있었습니다. 마침내 외과의는 브루노의 복부를 통해 방광 안에 관을 삽입했고, 그러자 방광에 남아 있던 소변이 그의 다리에 부착되어 있는 주머니로 흘러들어갔습니다. 이런 완화 조치는 그에게 있어 일시적인 조치에 불과했다는 것이 밝혀졌습니다. 사실상 이것은 고통의 시작이었습니다. 이후 넉 달 동안 그는 옆구리에 이 관을 삽입했습니다. 그의 삶은 아무렇게나 내팽개쳐진 그의 모든 꿈과 함께 갑자기 멈춰서버렸습니다.

더 이상 그에게 해줄 것이 없던 외과의는 그를 비뇨기과 전문의에게 보냈습니다. 비뇨기과 전문의는 일련의 전문적인 검사를 통해 그가 신장결석을 앓고 있다는 것과 아주 큰 결석 하나가 그의 오른쪽 신장 상단부에 있는 것을 발견했습니다. 이것이 그의 신체가 비정상적으로 작동하는 원인이었습니다. 커다란 결석이 그의 요관을 막고 있어서 간이 제 기능을 발휘하지 못했던 것입니다.

그의 상태가 다루기 힘들다는 사실을 안 비뇨기과 전문의는 더 전문적인 병원에서 결석을 제거하는 수술을 받기를 권했습니다. 그러나 의사들은 결석을 다 제거하지는 못했고, 특히 요관을 막고 있던 커다란 결석을 제거할 수 없었습니다.

2007년 네 차례 이상의 수술을 받는 중에 의사들은 그 큰 결석을 포함한 결석들을 성공적으로 제거했습니다. 의사들은 자신들의 노력에 매우 확신을 가지고서 그의 옆구리에 삽입된 관을 제거했습니다. 그러나 두 달이 채 되지 않아, 그는 전과 같은 통증을 느끼기 시작했습니다. 즉시 그는 검사를 받으러 의사에게 갔고, 의사들은 여전히 요관이 막혀 있는 것을 발견했습니다. 바로 그곳에 의사들은 관을 다시 삽입했습니다. 그러나 이번에는 그의 등 아래쪽에 관을 삽입했습니다. 의사들은 그렇게 하는 이유가 신장을 치료하는 데 도움이 될 것이기 때문이라고 설명했습니다.

간이 제 기능을 발휘하지 못하기 때문에 복부에 갑작스런 통증과 열과 불편함을 겪었습니다. 때로 그 통증이 너무도 심해서 혼자서는 서거나 앉거나 어떤 것도 할 수가 없었습니다. 그는 통증을 완화시키기 위해 약과 진통제에 의존해야 했습니다.

그뿐 아니라, 그는 삽입된 관이 막히지 않게 하려고 3개월마다 관을 제거하기 위해 입원해야 했습니다. 그렇게 하지 않으면 쥐어짜는 듯한 고통으로 인해 밤에 잠을 잘 수가 없었습니다. 게다가 그는 배설물을 받는 주머니를 매주 교체해야 했습니다. 그뿐이 아닙니다. 그는 감염을 막기 위해 관이 삽입된 주변의 붕대를 이틀마다 교체해야 했습니다.

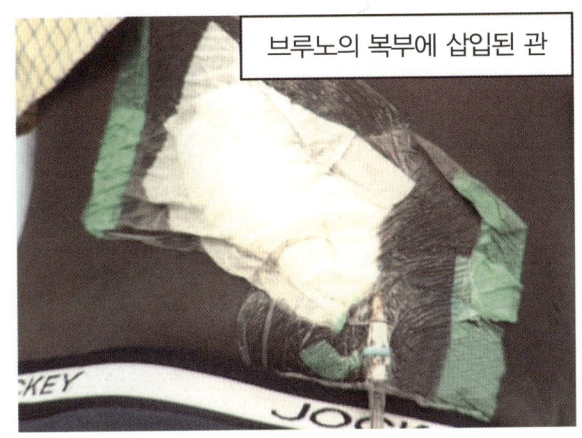

브루노의 복부에 삽입된 관

그 부분이 젖으면 안 되었기 때문에 몸을 씻는 것도 그에게는 전쟁 같았습니다. 그는 관이 빠질까 봐 두려워서 몸을 숙이거나 단순한 일상 활동에 참여할 수도 없었습니다. 관이 빠지는 일이 발생하면 다시 제자리에 넣기 위해 수술을 받곤 했습니다.

일 년이라는 기간 동안 그는 관이 잡아 당겨지는 것을 막기 위해 엎드려서만 잘 수 있었습니다. 그의 인생은 비참한 이야기가 되어버렸습니다.

그는 2008년 7월에 또 한 차례의 수술이 예정되어 있었습니다. 그러나 그 해가 되기 전, 그는 텔레비전을 보다가 어떤 채널에서 크리스 목사님이 하나님의 말씀을 가르치는 장면을 보게 되었습니다. "저는 그 말씀을 듣고 매우 충격을 받았습니다."라고 그는 말했습니다. 그리고 나서 며칠이 지난 후 그의 이모가 그를 찾아와서는 "이 관을 제거하고 싶지 않니? 크리스 목사님이 남아공에 오셨는데!"라고 물었습니다.

기독교 가정에서 자란 브루노는 분명히 하나님이 자기의 상황에 개입하셔서 이 새로운 환경을 조성하고 계신다는 것을 알았습니다. 그는 하나님이 그를 이 난국에서 빼내실 것을 항상 알고 있었습니다. 그래서 이모가 그에게 "치유학교에서

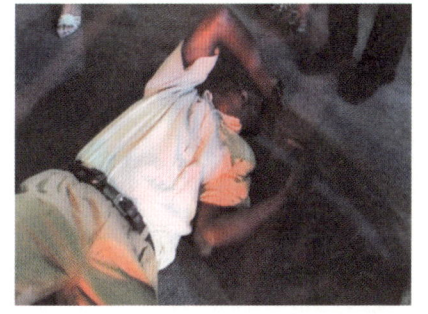
나랑 만나자."라고 말했을 때 그는 즉시 그 말에 순종했습니다.

치유학교에서 그는 하나님의 말씀과 사랑을 경험했고, 자신이 치유받을 때가 왔음을 확신했습니다.

그가 치유받기 위해 줄 서 있는 사람들 가운데 서 있었을 때, 크리스 목사님이 그에게 다가오더니 그의 배에 손을 얹었습니다. 즉시 그는 강력한 힘에 맞은 것처럼 앞으로 몸을 구부렸습니다. "저는 하나님의 능력이 제 몸 안으로 들어가는 것을 느꼈습니다."라고 그는 나중에 간증했습니다. 바로 그 자리에서 그는 하나님의 능력 아래 쓰러졌고, 바닥에서 계속 떨었습니다. 몇 분 후에 그는 일어나 주변을 뛰어다녔습니다. 그는 하나님의 능력으로 완전히 치유되었습니다! 그날 밤, 그는 조금의 걱정도 없이 잠을 잤습니다.

브루노는 치유학교를 떠난 후 예정되어 있던 수술을 받으러 갔는데, 의사들은 그의 신장 어디에도 막힌 곳을 찾을 수 없자 깜짝 놀랐습니다! 다음 날 의사들은 그에게서 관을 제거하고 퇴원하게 했습니다. 그날 이후로 지금까지 그는 어떤 통증도 경험하지 않았고 어떤 약도 복용하지 않았습니다. 이제는 그의 옆구리에 난 수술자국이 그의 삶 가운데 영광스럽게 나타난 하나님의 사랑과 능력을 증언합니다.

여섯 달 후에, 원기왕성하고 신성한 에너지로 가득한 브루노는 "그날은 제 인생에서 최고의 날이었습니다! 서 있던 순간, 저는 제가 치유받은 것을 알았습니다. 그리고 일 년 만에 처음으로 저는 몸을 굽히고 뛰어다닐 수 있었습니다."라고 간증했습니다.

오늘날 그는 신성한 건강의 표본입니다. 이제 사역에 활발하게 참여한 그는 감사함으로 "저는 이제 새로운 브루노입니다!"라고 선언했습니다. 이제 그는 하나님 안에 있는 그의 운명과 소망을 가지고 몇 년 전보다 더 대단한 방식으로 마케팅 분야에서 자신의 꿈을 추구하려는 계획을 세우고 있습니다.

참으로 하나님은 우리 가운데 역사하시는 그분의 능력대로 우리가 구하거나 생각하는 모든 것에 더 넘치도록 능히 하실 수 있습니다. 교회와 그리스도 예수 안에서 그분께 영광이 모든 세대에 그리고 영원토록 있을 것입니다! 아멘. 엡 3:20-21, ISV

믿음의 담대함

감각을 넘어서

믿음은 당신이 소망하는 것에 실상을 부여합니다. 히 11:1 믿음은 하나님의 말씀의 보이지 않는 실재에 대한 증거입니다. 말씀은 예수님이 채찍에 맞으심으로 우리가 나았다고 말씀합니다. 그러므로 믿음은 어떤 것에 대해 하나님이 말씀하신 대로 받아들이고 그대로 사는 것입니다. 믿음은 당신의 느낌이 아니라 진리인 하나님의 영원한 말씀을 의지합니다.

성경은 히브리서 11:6에서 "믿음이 없이는 하나님을 기쁘시게 하지 못하나니 하나님께 나아가는 자는 반드시 그가 계신 것과 또한 그가 자기를 찾는 자들에게 상 주시는 이심을 믿어야 할지니라"라고 말씀합니다. 그리고 로마서 10:17에서 성경은 "그러므로 믿음은 들음에서 나며 들음은 그리스도의 말씀으로 말미암았느니라"라고 선언합니다. 당신이 삶에서 진정으로 필요한 것은 하나님의 말씀에 대한 지식입니다. 당신은 치유 받으려고 고군분투하거나 애걸복걸할 필요가 없습니다. 하나님의 말씀에 대한 믿음을 실행함으로써 당신은 오랫동안 갈망해오던 몸의 치유를 경험할 수 있습니다.

믿음의 담대함

당신이 치유를 붙잡기 위해서는 모든 것이 하나님의 말씀에 굴복한다는 사실을 알고 하나님의 말씀에 대한 당신의 믿음을 담대하게 실행해야 합니다. 하나님은 항상 자녀들이 그분을 자랑하는 것을 좋아하십니다. 당신은 당신의 믿음을 목소리로 표현함으로써 하나님을 자랑하는 법을 배워야 합니다. 당신이 당신 안에 계신 하나님의 위대하심과 능력을 인정하는 법을 배운다면, 아픔이나 질병에 의해 결코 무너지지 않을 것입니다. 이것이 바로 예전의 위대한 사람들이 알았던 것, 즉 그들이 두려움 없이 적대적인 상황을 직면할 수 있게 해준 것입니다.

예수님의 사역을 공부하십시오. 그러면 당신은 예수님이 항상 담대하게 말씀하셨다는 것, 특히 귀신과 질병을 대면하셨을 때는 더 담대하게 말씀하셨다는 것을 발견할 것입니다. 예수님은 아주 담대하셨고, 그래서 사람들은 예수님을 보고 깜짝 놀랐으며, 귀신들은 그분 앞에서 벌벌 떨었습니다.

성경은 누가복음 4:36에서 "다 놀라 서로 말하여 이르되 이 어떠한 말씀인고 권위와 능력으로 더러운 귀신을 명하매 나가는도다 하더라"라고 말씀합니다. 이는 예수님이 자신이 누구인지 아셨을 뿐만 아니라 그분 안에 계신 분이 누구인지도 아셨기 때문입니다.

이는 모세가 바로 앞에 섰을 때 가졌던 것과 똑같은 의식입니다. 모세는 하나님의 임재가 자기와 함께 한다는 것을 의식했기 때문에 두려워하지 않았습니다. 출 5장 바로는 모세를 미워하여 없애고 싶었지만 모세를 죽이라고 명령할 수가 없었습니다. 모세에게는 통치의 영이 있었기 때문입니다.

골리앗은 블레셋 사람들 가운데 챔피언이었습니다. 다윗은 아주 담대하게 그 앞에 섰는데, 그것이 골리앗을 몹시 격분시켰습니다. 삼상 17:42 성경은 다윗이 물매와 돌멩이 다섯 개를 들고 골리앗 앞에 서서 다음과 같이 선언했다고 기록합니다.

"다윗이 블레셋 사람에게 이르되 너는 칼과 창과 단창으로 내게 나아 오거니와 나는 만군의 여호와의 이름 곧 네가 모욕하는 이스라엘 군대의 하나님의 이름으로 네게 나아가노라 오늘 여호와께서 너를 내 손에 넘기시리니 내가 너를 쳐서 네 목을 베고 블레셋 군대의 시체를 오늘 공중의 새와 땅의 들짐승에게 주어 온 땅으로 이스라엘에 하나님이 계신 줄 알게 하겠고" 삼상 17:45-46

이 말이 골리앗을 격분케 했습니다. 그리고 골리앗이 다윗을 향해 한 걸음을 떼자, 다윗은 그를 향해 달려가면서 물매로 돌을 날렸습니다. 돌멩이는 마치 유도 미사일처럼 골리앗의 이마로 곧장 날아갔습니다. 그리고 다윗이 말한 대로 모든 일이 이루어졌습니다.

이것이 바로 당신의 삶에서 필요한 담대함과 대담무쌍함입니다. 마귀가 병으로 당신을 공격하려고 할 때, 예수의 이름으로 마귀를 대적하여 서서 이렇게 선언하십시오. "나는 아프기를 거부한다! 나를 대적하여 만들어진 어떤 무기도 형통하지 못하리라. 그러므로 이 질병의 무기는 나를 장악할 능력이 없다. 나는 강력한 예수의 이름으로 건강과 강건함 가운데 거한다!"

당신이 지속적으로 이렇게 말하고 행동할 때 당신 주위에 영적인 힘의 장이 형성되어, 마귀가 뚫고 들어올 수가 없습니다.

믿음은 항상 역사한다!

12

안나 고벤더Annah Govender는 매장을 힘차게 걸어가면서 자신이 만든 상품에 자부심을 느꼈습니다. 그녀는 가게에서 벌써 몇 시간을 보내고 이제 집으로 가고 있었습니다. 그녀가 몇몇 가게를 지나쳤을 때 커다란 진열창을 보지 않을 수 없었습니다. 그곳에는 사고 싶은 멋진 물건들이 아주 많이 있었습니다. 그녀는 그것들을 전부 살 수 있으면 좋겠다고 생각했습니다.

서글서글한 주부인 안나는 인생의 모든 소소한 것들을 사랑했습니다. 그녀는 집회에 참석하거나 교회 프로그램에 참여하거나 가족들을 방문하지 않을 때면 정원에서 식물들을 돌보곤 했습니다. 그것은 그녀가 좋아하는 소일거리였습니다.

그러나 1982년 어느 순간, 그녀의 아름다운 삶은 예기치 않게 뒤틀려버렸습니다. 그녀는 설명할 수 없는 몇 가지 이유로 목과 등에 찌르는 듯한 통증을 경험하기 시작했습니다. 좀처럼 병에 잘 걸리지 않는 그녀는 무엇이 문제인지 알아보려고 즉시 병원으로 갔습니다.

의사들은 일련의 검사를 한 후 그녀의 삶을 돌연히 멈춰버리게 만든 진단결과를 통보했습니다. "당신은 골다공증을 앓고 있습니다." 그 순간 그녀의 마음속에 몇 가지 생각이 엄습했습니다. '내가 어쩌다가 이런 이상한 병에 걸리게 되었지?'

의사들은 "골다공증은 뼈조직이 비정상적으로 상실되어 뼈가 부서지기 쉽고 구멍이 뚫린 상태를 말합니다."라고 말하면서 진단결과를 분명하게 설명하고 싶어 했습니다. "보통 골다공증은 칼슘이 부족해서 생기는데, 통상 폐경기 이후의 여성에게 더 흔히 나타납니다."

당시 그녀는 30대 후반으로, 어떤 기준에서 보더라도 '폐경기 이후의 여성'이 아니었던 것입니다.

"당신의 뼈는 점차 약해질 것이므로 좋은 신발이 필요할 것입니다. 많은 사람들이 있는 곳을 피하시고, 비오는 날에 걸을 때는 각별히 유의하십시오."라고 의사는 소견을 피력했습니다.

그녀는 마치 삶의 한 부분이 잘려나간 것 같았습니다. 그녀는 이 모든 소소한 것들을 너무도 좋아했던 것입니다.

"여하튼 넘어지면 골절될 수 있습니다."라고 의사는 계속해서 말했습니다.

이제 그녀는 진정으로 두려웠습니다. 그녀는 '여하튼 넘어지면 골절될 수 있습니다.'라는 그 말을 마음에 계속 떠올렸습니다. 그녀의 남편이 병원에 따라왔지만, 그녀는 갑작스럽게 엄습했던 두려움과 불확실한 느낌을 떨쳐버릴 수가 없었습니다.

그때부터 그녀에게 삶은 참을 수 없는 것이 되어버렸습니다. 의사의 말처럼 그녀의 뼈는 점점 약해지고 부서지기 쉬운 상태가 되었습니다. 짧은 기간 안에 그녀의 삶 전체가 바뀌었습니다. 그녀는 더 이상 남의 도움 없이는 돌아다닐 수도 없었고, 집안의 허드렛일도 자유롭게 할 수 없었습니다. 가게에 가거나 사교모임과 교회모임에 참석하는 것도 과거지사가 되어버렸습니다. 보물처럼 아꼈던 정원을 가꾸는 일은 계속되는 연약함과 통증으로 인해 불가능한 것이 되었습니다.

그녀는 의사가 처방해준 몇 가지 약을 매일 밤낮으로 복용했습니다. 그러나 약은 일시적으로 완화시켜주긴 했지만 그녀의 몸에 다른 합병증을 유발시켰습니다. 그녀의 머리카락이 빠지고 식욕이 감퇴했습니다. 부작용으로 인해 그녀의 식도에 협착이 일어나서 숨이 막히지 않고는 삼키기가 어려울 지경이 되었습니다. 이런 상황으로 인해 그녀는 종종 궤양을 앓았는데, 그 때문에 더 많은 약을 복용하게 되었습니다. 그뿐 아니라 뼈의 압력을 완화하기 위해 항상 병원에서 견인치료를 받아야 했는데, 때로는 며칠 동안이나 그런 상태로 있기도 했습니다.

이후 25년 동안 그녀의 삶은 병원과 약물치료와 집에 국한되어 돌아갔습니다. 해가 지날수록 그녀는 필요한 모든 것을 점점 더 가족들에게 의존하게 되었습니다. 그녀의 남편 크리스는 대부분의 시간을 그녀와 보내는 데 썼습니다. 그녀의 자녀들도 거의 밖으로 나가지 못했고, 심지어 그녀를 위해서 일을 쉬고 시간을 내야 했습니다.

시간이 지날수록 이런 상황은 감정적으로 그녀에게 영향을 미치기 시작했습니다. 그녀는 스스로 아무것도 할 수 없다는 것과 자신이 가족들에게 짐이 된다는 사실에 좌절했습니다. 그녀는 자신의 앞날에 대한 생각으로 계속 짓눌려 있었고, 그로 인해 평안을 빼앗겼습니다.

2005년 언젠가 그녀는 무릎에서 쥐어짜는 듯한 통증을 느끼기 시작했습니다. 통증이 아주 격심했기 때문에 그녀는 다리를 거의 움직일 수조차 없었습니다. 검사 결과, 의사는 그녀가 류머티즘 관절염을 앓고 있다는 것을 발견했고, 그것을 치료할 방도가 없다고 그녀에게 단도직입적으로 말했습니다. "몸져 누울 때까지 계속 악화될 것입니다."라고 의사는 말했습니다.

"제가 그 소리를 들었을 때 매우 두려웠었어요. 저는 불구가 되고 싶지 않았어요."라고 나중에 그녀는 말했습니다.

그녀의 상태는 어느 한 시점에서 매우 나빠져서 무릎에서 분비액이 흘러나오기 시작했습니다. 일련의 검사를 통해 그녀의 무릎이 고칠 수 없을 정도로 손상되었고 완전히 교체되어야 한다는 사실이 밝혀졌습니다. 이때 그녀는 의사가 자신을 도와줄 수 있는 것이 전혀 없다는 사실을 깨달았습니다. 그녀는 무릎을 교체하기로 동의할 경우 얼마 후에는 다른 수술이 필요할 것이라는 사실을 알았습니다. 25년 동안 그녀는 의사들이 말한 모든 것을 다 해보았지만 아무 효력도 없었습니다. 그녀는 많은 약을 복용했음에도 불구하고 고혈압환자가 되어버렸습니다.

그러는 동안 언젠가 그녀는 러브월드 크리스천 네트워크 LoveWorld Christian Network 에서 방영하는 '치유학교에 들어가기'라는 치유학교 프로그램을 접하게 되었습니다. 그 프로그램은 그녀 안에 대단한 믿음을 불러일으켰습니다. 그녀는 '여기에 나온 사람들은 나보다 더 심각했는데 치유되었네. 하나님이 저 사람들을 고치실 수 있었다면 나도 고치실 수 있어.'라고 생각했습니다. 바로 그 자리에서 그녀는 다음번 치유학교에 참석

하기로 결정했습니다. 그래서 남아공 요하네스버그에 체류할 일정을 잡았습니다.

그 당시 그녀는 요하네스버그에서 자동차로 7시간 떨어진 더반에서 가족과 함께 살고 있었습니다. 그러나 그녀는 다리의 참을 수 없는 통증에도 불구하고 요하네스버그로 가기로

마음을 정했습니다. "저는 하나님이 저를 고치실 것을 알았습니다. 저는 바른 장소에 있어야 했을 뿐입니다."라고 그녀는 말했습니다.

치유학교가 열리는 날에 그녀는 남편과 동행하여 치유학교에 들어왔습니다. 그녀는 도착한 순간부터 그녀 주위 어디서나 하나님의 임재를 감지했습니다. 그리고 기적을 받기 위해 하나님을 믿고 있는 다른 사람들을 보았을 때, 그녀는 순간적으로 자신도 같은 이유로 그곳에 있다는 사실을 잊어버렸습니다. "저는 몹시 흥분했습니다. 저는 모든 사람들을 격려하고 싶었습니다. 그래서 저는 하나님께서 그곳에 있는 모든 사람을 고쳐주실 것을 기도했습니다."라고 그녀는 말했습니다. 그녀 역시 모든 사람에게 있는 일체감으로 감동을 받았습니다. 이곳에서 민족성과 배경은 문제가 되지 않았습니다. 그들은 치유받고자 하는 믿음에서 모두 하나가 되었습니다.

주목할 점은 그녀의 치유가 치유학교에서의 처음 며칠 안에 이미 시작되었다는 사실입니다. "저는 어떤 것을 쉽게 할 수 있다는 사실을 발견했습니다. 예를 들면, 저는 도움을 받지 않고서도 침대에 눕기도 하고 일어날 수도 있었어요!"

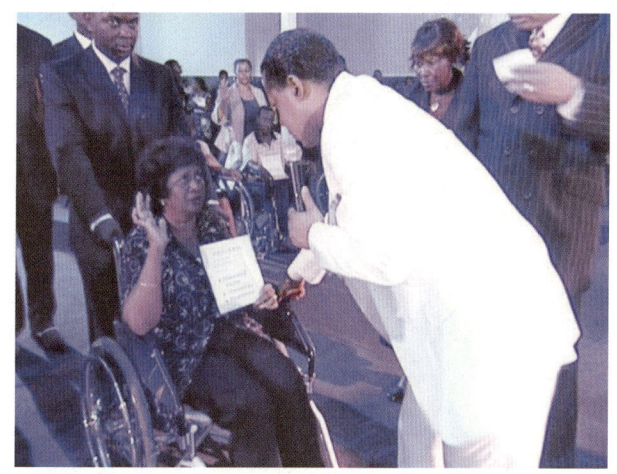

치유집회가 있던 날, 그녀는 흥분과 기쁨으로 압도당했습니다. 그녀는 온전히 나아서 치유학교 강당을 걸어서 나갈 것을 알았습니다. 하나님의 사람인 크리스 목사님이 강당 안으로 들어왔을 때, 그녀는 뚜렷이 분위기가 바뀌는 것을 감지했습니다. "저는 그 순간을 절대 잊지 못할 거예요."라고 나중에 그녀는 말했습니다. "저는 말 그대로 공기가 변하는 것을 느낄 수 있었답니다."

크리스 목사님은 강당으로 들어온 지 얼마 안 되어서 그녀가 있는 곳으로 걸어왔습니다. 그녀의 상태가 악한 영 때문인 것을 감지한 크리스 목사님은 악한 영을 꾸짖으면서 그녀를 향해 손을 뻗었습니다. 그 순간, 그녀는 하나님의 능력이 마치 전기 파동처럼 그녀의 몸을 통과하는 것을 느꼈습니다. 그런 다음 하나님의 사람은 "그녀는 자유하다!"라고 선언했습니다. 바로 그때, 자신이 나은 것을 안 그녀는 일어나 걷기 시작했습니다!

그녀는 하나님께서 너무도 신속하게 그녀의 고통의 세월을 가져가신 것에 완전히 놀라서 우는 것과 동시에 웃기 시작했습니다. 거의 30년 만에 처음으로 그녀는 고통 없이 자유롭게 걸었던 것입니다. 슬픔과 고통의 세월이 하나님의 강력한 능력에 의해 단 몇 분 만에 소멸되었습니다.

오늘날 그녀는 하나님의 선하심과 은혜의 증거입니다. 의사의 예측과는 달리, 그녀의 건강은 꽃을 피우기 시작했습니다. 이제 전에는 할 수 없었던 모든 것을 할 수 있게 된 그녀는 조금의 걱정도 없이 교회예배와 사회모임과 가게에 나갑니다. 그녀의 자녀들뿐만 아니라 그녀가 건강한 것을 본 적이 없던 손자들도 계속해서 하나님께 감사드렸습니다.

그녀는 이제 옷과 수공품을 만드는 집 근처에 있는 어떤 여성단체에서 활동하는 회원이기도 합니다. 또한 그녀는 열렬한 영혼구원자이며, 기회가 있을 때마다 치유학교에서 받은 그녀의 기적적인 치유를 간증하고 있습니다.

믿음은 승리다

13

믿음의 기반으로부터 기능하라

"무릇 하나님께로부터 난 자마다 세상을 이기느니라 세상을 이기는 승리는 이것이니 우리의 믿음이니라" 요일 5:4

믿음은 세상을 이기는 승리입니다! 하나님의 자녀에게 남은 싸움이란 없습니다. 예수님이 모든 싸움을 싸우시고 이기셨습니다. 오늘날 예수님이 우리에게 기대하시는 것은 그분이 우리를 위해 죽으시고 장사되시고 부활하심으로써 획득하신 승리를 우리가 주장하여 이미 성취하신 일의 영역 안에서 살아가는 것입니다.

우리가 아픔과 질병과 가난과 죽음과 원수의 모든 술수에 대항하여 믿음으로 일관된 입장을 취하는 것은 그리스도 예수 안에 있는 우리의 승리를 주장하고 있는 것입니다. 당신은 고통을 주거나 속박하는 것은 무엇이든지 전적으로 거부해야 합니다. 당신은 원수의 모든 억압으로부터 해방되었기 때문입니다. 그리스도 안에 있는 우리의 새 생명은 초월적인 생명super-life입니다. 이는 매일매일 이기고 승리하는 삶에 대한 표현입니다!

성경은 고린도후서 2:14에서 "항상 우리를 그리스도 안에서 이기게 하시고 …하나님께 감사하노라"라고 말씀합니다. 성경이 우리가 때때로 승리한다고 하지 않고 항상 승리한다고 말씀하고 있는 것에 주목하십시오! 제가 말씀드리고 싶은 것은 그리스도인에게는 패배란 없다는 사실입니다. 진정한 그리스도인의 삶에는 실패란 없습니다. 그는 모든 면에서 성공합니다. 당신의 믿음이 당신의 의식적인 삶의 방식이 되는 수준에 이르면, 당신에게는 절망할 이유가 전혀 없을 것이며, 삶에서 더 이상의 의기소침은 없을 것입니다. 당신은 자신의 운명에 대한 책임이 당신에게 있다는 사실을 깨달았기 때문에 당신이 직면하고 있는 문제가 무엇이든지 그로 인해 더 이상 다른 사람을 비난하지 않을 것입니다.

누구도 당신을 가난하고 병들고 낮은 삶의 피해자로 만들 수 없습니다. 이는 당신이 매일 믿음으로 기능하기 때문입니다! 당신의 믿음은 세상과 그 시스템을 이기는 승리입니다. 할렐루야!

예수님은 요한복음 16:33에서 "…담대하라 내가 세상을 이기었노라"고 말씀하셨습니다. 누구도 이제껏 예수님처럼 말한 사람은 없었습니다. 예수님은 십자가에 달리시고 죽은 자 가운데서 살아나시지 않았던 때에도 어떻게 세상을 이겼노라고 말씀하실 수 있었을까요? 예수님은 죽으시고 장사되시고 부활하시기 전에 이 말씀을 하셨습니다. 이는 예수님이 당신과 내가 오늘날 할 수 있는 무언가를 하셨다는 의미임에 틀림없습니다.

이 세상의 시스템 안에서 예수님께 굴복하지 않은 것은 없습니다. 예수님은 만물에 대한 통치권을 행사하셨습니다. 예수님은 신성한 에너지가 가득한 말 곧 믿음의 말을 하심으로 세상을 길들이고 이기셨습니다! 예수님은 나무에게, 물고기에게, 시체에게, 불구의 사지에게, 들리지 않는 귀에게, 보이지 않는 눈에게, 어둠의 귀신들에게, 폭풍과 파도에게 말씀하셨습니다. 그러자 그것들은 모두 예수님께 순종했습니다. 예수님은 자연법칙을 초월하셨습니다. 예수님은 한순간도 피해자가 된 적이 없으셨습니다! 예수님은 물 위를 걸으셨고 바람에게 명하여 폭풍을 잠잠케 하셨습니다. 예수님이 나병환자를 만나셨을 때, "깨끗해져라."라고 말씀하시자 나병은 떠났습니다. 예수님은 중력을 초월하여 하늘로 승천하셨습니다. 실로, 예수님은 세상을 이긴 분이셨습니다!

아시겠습니까? 우리도 예수님과 같습니다. 예수님은 우리에게 믿음이 충만한 말을 통해 삶의 환경을 다스리고 통치하며 지배하고 길들일 수 있는 능력과 권세를 주셨습니다! 예수님처럼 우리가 하는 말도 영이요 생명입니다. 요 6:63

당신의 말에는 능력이 있다

> "마찬가지로, 배를 보라. 아무리 큰 배이고, 또 거센 바람에 휩쓸려가는 배도 아주 작은 키에 의해 조타수가 원하여 결정내리는 곳을 향해 조종된다. 이처럼 혀도 매우 작은 지체이지만 큰 것을 자랑할 수 있다. 아무리 큰 나무나 숲도 작은 불꽃에 의해 타버릴 수 있는 것을 보라!" 약 3:4-5, AMP

왜 그리도 많은 선한 사람들이 고통을 겪거나 삶에서 많은 곤경에 처하는지 궁금해 한 적이 있습니까? 어떤 그리스도인들은 너무도 오랫동안 많은 고통을 겪은 나머지 인생이 원래 그런 것이라고 생각하기 시작했습니다.

나는 35년 훨씬 전에 거듭났지만, 한 번도 고통을 당한 적이 없습니다. 제가 고통은 불필요한 것이라고 말씀드릴 때 제 말을 믿으십시오. 당신이 삶에서 믿지 않는 자들이 겪는 것과 같은 어려움을 겪고 있다면, 주 예수님이 당신을 위해 하신 것은 도대체 무엇이란 말입니까? 당신이 부족하고 궁핍하거나, 질병으로 인해 몸과 가정이 황폐해지는 것은 하나님께 어떤 영광도 가져다주지 못합니다.

물론 나는 박해를 겪어왔습니다. 복음을 위해 박해를 당하는 것은 좋은 일입니다. 그러나 병들고, 두려움에 떨며, 가난한 것은 옳은 것이 아닙니다. 그것은 박해가 아닙니다. 그것은 사탄의 억압입니다! 당신은 자신의 배의 선장이 되었으므로 거듭난 순간부터 당신 인생의 경로에 대한 책임이 당신에게 있다는 사실을 깨달아야 합니다. 당신은 혀로 인생의 경로를 지시할 수 있으며 세상의 시스템을 다스릴 수 있습니다! 이는 당신의 말이 헛되지 않다는 뜻입니다. 당신의 말에는 마귀와 적대적인 상황과 삶의 모든 부정적인 환경을 정복하고 이기며 압도할 능력이 있습니다.

성경은 야고보서 3:4-5에서 사람의 혀를 배의 키에 비유했습니다. 키는 매우 작지만 거슬러 몰아치는 파도에도 커다란 배를 조종합니다. 키가 배의 경로를 정하는 도구이기 때문입니다.

성경이 잠언 18:21에서 "죽고 사는 것이 혀의 힘에 달렸나니 혀를 쓰기 좋아하는 자는 혀의 열매를 먹으리라"라고 말씀하는 것은 결코 놀랄 일이 아닙니다. 혀의 능력은 오늘날 많은 그리스도인이 별로 깨닫지 못하는 부분입니다. 성경은 죽고 사는 것이 하나님의 손에 달렸다고 말씀하지 않았습니다. 성경은 죽고 사는 것이 몸의 지극히 작은 지체인 혀의 능력에 달렸다고 말씀했습니다. 혀는 크기로 보면 작지만, 그 결과는 엄청납니다. 혀가 당신 인생의 경로를 정하기 때문입니다.

하나님의 많은 자녀들이 삶에서 변화를 원할 때, 그들은 그 능력이 자신의 입에 있다는 것을 깨닫지 못하고 그저 흐느끼며 울부짖기만 합니다. 하나님은 당신에게 그분의 말씀만이 아니라 당신을 향한 그분의 뜻대로 말할 수 있는 혀도 주셨습니다. 우리를 향한 주님의 뜻과 목적은 그분의 말씀 안에 확연하게 드러나 있습니다. 주님은 "너희를 향한 나의 생각을 내가 아나니 평안이요 재앙이 아니니라 너희에게 미래와 희망을 주는 것이니라"렘 29:11라고 말씀하십니다. 당신이 지금 해야 하는 전부는 원하는 것들이 존재하라고 말하고, 말하는 것은 무엇이든지 이루어질 것이라고 믿는 것뿐입니다.막 11:23 그것이 믿음입니다!

당신이 어떤 상황에 직면해 있든지, 하나님의 말씀을 말하고 변화를 보십시오! 당신은 무엇이든 바꿀 수 있습니다. 그것이 생물이든 무생물이든 별 차이가 없습니다. 당신이 그것을 바꾸고 싶다면, 그것에게 말하여 바꾸십시오. 그것이 당신의 몸에 있는 종양입니까? 직장이 필요하십니까? 당신의 집이나 자동차와 관련된 것입니까? 모든 것은 지각이 있기에, 당신의 말을 알아듣고 순종할 것입니다.

믿음으로 충만한 말을 하라!

오늘 당신이 어떤 사람이고 어디에 있느냐는 당신이 어제 한 말의 결과입니다. 당신은 "아니에요. 저는 이렇게 되려고 계획하지 않았어요."라고 말할지도 모릅니다. 그렇더라도 당신은 수년 전에 당신이 말한 그대로입니다. 당신이 내일 성공하고 건강한 삶을 살고 좋은 가정을 이룰지는 하나님이 아니라 오로지 당신(그리고 오늘 당신이 하는 말)에게 달렸습니다.

오늘 당신의 혀를 당신의 유익을 위해 사용하기 시작하십시오. 믿음으로 충만한 말을 하기 시작하십시오. 그러면 세상과 그 시스템은 그 말에 맞설 수 없습니다! 하나님의 자녀인 당신은 실패자가 아닙니다. 당신은 이미 승리자로 선언되었습니다! 하나님의 말씀은 당신이 정복자보다 나은 자라고 선포합니다! 요한일서 5:4에서 하나님의 영은 당신의 믿음이 세상을 다스리고 정복하는 능력이라고 선언하십니다.

세상은 당신 안에 있는 거대한 믿음의 능력에 맞설 수 없습니다. 이는 당신이 믿음으로 충만한 말을 함으로써 승리 가운데 산다는 뜻입니다. 당신의 믿음은 세상과 그 시스템을 굴복시킵니다. 당신은 믿음으로 충만한 말을 함으로써 세상에서 당신을 대적하여 작동하도록 만들어진 그 어떤 정책이나 법률을 무효화시킵니다. 그러므로 당신의 삶에 일어난 어떤 손해나 말씀과 반대되는 일을 절대로 곱씹지 마십시오. 믿음의 메시지는 당신을 동정하기 위한 것이 아닙니다. 내 말의 의미는, 믿음은 보살핌을 찾아다니는 것이 아니라 오히려, 돌본다는 말입니다. 믿음은 도움을 바라며 울부짖지 않습니다. 믿음이 돕습니다!

지금이야말로 당신이 하나님께서 부르신 대로 이기는 자라고 선언하기 좋은 때입니다.

당신은 실패자가 아니라 그리스도 예수 안에서 승리자입니다. 당신 안에 더 크신 분이 살고 계시기 때문입니다. 당신이 새로운 탄생을 통해 하나님의 자녀가 된 순간, 하나님의 생명과 본성 곧 이기는 생명인 영원한 생명을 받았습니다. 이제 당신은 모든 길에서 승리의 삶을 살 수 있습니다!

하나님은 우리에게 세상이 가지고 있는 것과는 질적으로 전혀 다른 생명을 주셨습니다. 우리는 세상에 있지만 세상에 속한 자가 아닙니다. 우리는 성령으로부터 태어난 자입니다. 하나님은 우리에게 그분의 아들 예수님을 통해 이 생명을 주셨습니다. 성경은 우리에게 이렇게 말씀합니다. "또 증거는 이것이니 하나님이 우리에게 영생을 주신 것과 이 생명이 그의 아들 안에 있는 그것이니라 아들이 있는 자에게는 생명이 있고 하나님의 아들이 없는 자에게는 생명이 없느니라"요일 5:11-12 이제 당신은 당신 안에 있는 이 생명을 믿어야 합니다.

"무릇 하나님께로부터 난 자마다 세상을 이기느니라 세상을 이기는 승리는 이것이니 우리의 믿음이니라"요일 5:4 이는 하나님으로부터 나온 것은 어떤 것이든 세상을 이긴다는 뜻입니다. 즉 하나님으로부터 나온 것은 무엇이든 자동적으로 이기는 자라는 말입니다! 당신은 하나님으로부터 태어난 자이므로 이기는 자입니다! 하나님의 말씀은 하나님으로부터 나왔습니다. 그 말씀은 하나님으로부터 기원했고, 그 똑같은 이기는 말씀이 당신의 입에 있습니다. 그 말씀은 믿음의 말로써 말해질 때 신성한 능력을 갖습니다! 당신은 하나님의 자녀이므로 패배와 실패와 부족을 생각하지 마십시오. 당신은 당신에게 힘을 주시는 그리스도를 통하여 모든 것을 할 수 있습니다. 그리스도는 당신 몸의 모든 뼈 속에 살고 계십니다. 그리스도의 생명이 당신 안에 있기 때문에, 그분은 당신의 피와 뼈와 피부 속에 살고 계십니다. 심지어 그분은 당신의 목소리에도 살고 계십니다. 믿음으로 충만한 말을 하십시오. 이것이 세상을 이기는 승리이기 때문입니다!

피터의 믿음의 도약   14

55세의 피터 킹Peter King은 주차장 앞쪽으로 차를 몰고 가다가 장애인 주차 표시가 된 곳을 발견하고는 안도의 한숨을 내쉬었습니다. 그 공간을 주신 하나님께 감사하면서 조용히 주차했습니다. 그리고 나서 옆자리에 있는 목발을 짚고는 힘겹게 차에서 빠져나왔습니다. 지나친 관심을 받는 것이 부담스러웠던 그는 가게 안으로 곧장 걸어 들어갔습니다.

북아일랜드의 다리엔Darien에 거주하는 그는 1999년 사고가 날 때만 해도 인생의 전성기를 누리고 있었습니다. 상당히 몸집이 큰 그는 어느 날 집에서 커다란 상자를 들고 위층에서  아래층으로 내려오다가 발을 헛디뎠습니다. 그는 계단에서 굴러 넘어진 채로 바닥까지 내려갔습니다. 몸이 바닥에 부딪혔을 때 엉덩이 부근에서 삐거덕 거리는 소리가 들렸고, 그는 뭔가 크게 잘못되었다는 것을 알았습니다.

병원에서 정밀검사를 한 후 의사는 그에게 충격적인 소견을 피력했습니다. "당신은 고관절 형성장애를 가지고 태어났습니다. 당신의 고관절 발달 상태는 비정상적이어서 결합이 불안정하고 대퇴골이 탈골될 가능성이 있습니다."

그는 의사의 말을 이해해보려고 했습니다. 당시 그는 48세였는데, 그때까지 고관절에 어떤 불편함도 경험한 적이 없었습니다. 그런데 지금 의사가 그에게 고관절 질환을 가지고 태어났다고 말하고 있던 것입니다.

"보통은 어린 시절에 나타납니다."라고 의사는 계속해서 설명했습니다. "점차적으로 골반의 관골구가 얇아지게 되고, 그렇게 되면 언제든지 대퇴골이 빠졌다 들어갔다 할 수 있습니다. 지속적으로 이렇게 되다 보면, 결국 뼈를 덮고 있는 유연한 조직이 닳게 되고, 그 결과 뼈끼리 서로 마찰되기 시작합니다. 얼마 되지 않아 당신은 그로 인해 고관절에 극심한 통증과 부기를 느끼기 시작할 수도 있습니다. 그뿐 아니라, 대퇴골이 시시때때로 탈골될 수도 있습니다. 정말로 당신은 걷는 데 아주 주의해야 할 것입니다."

그는 자신이 처하게 될 삶에 대해 생각하면서 단지 의사만을 빤히 쳐다볼 수밖에 없었습니다.

그날 이후로 의사의 예상대로 그는 다리에 쥐어짜는 듯한 통증을 겪기 시작했습니다. 그는 더 이상 먼 거리를 걸을 수 없었고, 몸을 지탱하기 위해서 목발을 사용해야 했습니다. 그는 멀리 가야 할 경우 자동차를 운전해서 가지만 주차장에서 '장애인 주차' 표시를 찾아야 했고, 그래서 그는 힘 들이지 않고 그곳에 갈 수 있었습니다. 그는 자기 차량에 '장애인' 스티커를 부착하기도 했습니다. 그래서 그는 따로 장애인용 주차공간이 없는 곳에서는 건물 앞 가까운 곳에 주차하도록 허락받을 수 있었습니다.

그는 약을 먹었는데도 시간이 흐를수록 상태가 악화되었습니다. 그의 왼쪽 다리가 오른쪽 다리보다 더 짧아지게 되었습니다. 이제 그는 눈에 띄게 절뚝거리면서 걸었고, 오랫동안 서 있거나 앉아 있기가 힘들다는 것을 알았습니다. 그는 45분 이상 서 있거나 소파에 앉아 있을 수 없었습니다. 그는 45분 이상 서 있거나 앉아 있으려면 앉거나

누워 있어야 했습니다.

수술이 도움이 될지도 모른다는 희망을 가지고 그는 고관절 교체에 대해 자문을 구했습니다. 그러나 의사는 그가 65세가 될 때까지는 수술을 할 수 없다고 말했습니다. 또한 65세가 되어서도, 고관절이 골반의 관골구에서 빠지지 않을 것이라는 보장이 없다고 말했습니다. 크게 실망한 그는 다시 정상적인 삶을 살 수 있을지 의문이 들었습니다.

어느 땐가 실로 그를 두렵게 한 일이 일어났습니다. 아들과 함께 길을 건너가는데 갑자기 그의 고관절이 빠져버렸던 것입니다. 그가 앞쪽으로 엉거주춤하게 쓰러지려는 것을 아들이 순간적으로 붙잡고는 길을 건너갔습니다. 이 일은 그를 오랜 기간 충격에 빠뜨렸습니다. 자동차가 그를 향해 돌진하고 있었는데, 그 자리에 아들이 없었더라면 목숨을 잃을 뻔했기 때문입니다.

그의 이런 안타까운 상태는 2006년에 그가 집에서 러브월드 TV방송의 치유학교 프로그램을 접할 때까지 지속되었습니다. "제가 크리스 목사님을 보았을 때 저는 그분이 참으로 놀라운 분이라는 것을 알았습니다."라고 말하며 그는 당시를 회상했습니다. 그는 함께 그 프로그램을 보고 있던 아내에게 "저분이 나에게 숨을 불어주면 좋겠소. 그러면 나는 나을 것이오."라고 말했습니다.

몇 주 후에, 그는 남아공 요하네스버그에서 열리는 다음번 치유학교에 참석할 계획을 세웠습니다. 그는 북

피터의 믿음의 도약 89

아일랜드의 다리엔에 있는 그의 집에서 비행기로 15시간 이상을 여행하기로 결심했습니다. 그것은 그에게 강력한 믿음의 도약이었지만, 그는 하나님이 기적을 베푸실 것을 확신했습니다.

치유학교에서 하나님의 사람은 그를 위해 긍휼로 기도해주었습니다. 하나님의 사람은 그의 손을 잡고는 그가 바라던 대로 그에게 기름부음을 불어주었습니다. 하나님의 사람  은 한 번도 아니고 무려 세 번이나 입으로 기름부음을 불어주었습니다! 그 순간, 그는 하나님의 능력 아래 쓰러졌습니다.

그가 일어났을 때, 아무도 그가 치유되었다고 말해줄 필요가 없었습니다. 그가 발견한 첫 번째 사실은 목발이 없이 서 있는데도 전혀 아프지 않다는 것이었습니다. 그는 손을 들고 하나님을 찬양하면서 새로워진 에너지로 강당을 걸어 다녔습니다. 그의 두 다리의 길이가 똑같아진 것을 발견한 것은 바로 그때였습니다! 그의 왼쪽 다리가 기적적으로 자라나서 오른쪽 다리와 완전히 똑같은 길이가 되었습니다. 하나님께 너무도 감격한 나머지 그는 목발을 들고 강당을 가로지르면서 자유롭게 걸어 다녔습니다.

삶이 회복되고 몸이 완전히 온전케 된 그는 자신의 삶에 일어난 하나님의 경이로운 기적에 대해 끊임없이 감사하고 있습니다. 참으로 하나님께는 모든 것이 가능합니다!

당신이 기적을 받는 단계 15

당신의 기적은 지금 여기에 있다!

"친히 나무에 달려 그 몸으로 우리 죄를 담당하셨으니 이는 우리로 죄에 대하여 죽고 의에 대하여 살게 하려 하심이라 그가 채찍에 맞음으로 너희는 나음을 얻었나니" 벧전 2:24

하나님은 치유할 사람과 치유하지 않을 사람을 선택하지 않으십니다. 하나님은 도와주고 축복할 사람과 저주할 사람을 선택하지 않으십니다. 하나님은 이미 그리스도 안에서 모든 사람을 축복하기로 선택하셨습니다. 온 세상의 죄를 위해 치른 희생은 온 세상의 치유를 위해 치른 희생과 같은 것입니다.

그렇다면 그리스도인을 포함한 많은 사람들이 왜 치유의 실재 가운데 살고 있지 않을까요? 이는 모든 사람이 다 구원받지 못한 것과 똑같은 이유 때문입니다. 어떤 사람들은 믿지 않습니다. 또 어떤 사람들은 그것을 들어본 적도 없습니다. 그러나 꼭 알아야 하는 중요한 사실은 하나님은 그분의 모든 자녀들에게 건강을 사용할 수 있게 하셨다는 것입니다.

그러므로 질문은 이것입니다. 우리는 어떻게 하나님이 우리에게 사용하도록 주신 모든 것을 받아 누릴 수 있을까요? 우리는 하나님이 이미 행하시지 않은 것처럼 그분으로부터 기적을 받기 위해 고군분투하지 않으면서 기적을 받을 수 있을까요?

당신은 의학의 모든 희망이 사라진 상황에 처해 있고, 기적만이 필요할지도 모릅니다. 당신이 회복하지 못할 것이기 때문에 의사들은 당신에게 집에 가서 정리하라고 말했을 수도 있습니다. 나에게는 당신을 위한 좋은 소식이 있습니다. 그것은 당신에게 필요한 기적이 당신이 상상할 수 있는 것보다 더 당신 가까이에 있다는 사실입니다!

나는 이제 당신이 필요로 하는 기적을 받기 위해 취할 수 있는 단계들을 알려주고 싶습니다. 문제는 주는 자(하나님)가 아니라, 받는 자에게 있다는 사실을 항상 명심하십시오. 하나님은 우리가 행복하고 건강한 삶을 사는 데 필요한 모든 것을 이미 가져다 쓸 수 있게 하셨습니다. 하나님은 이미 그 일을 그리스도 안에서 2,000년 전에 하셨습니다. 그러므로 하나님이 하신 것을 받는 것은 이제 당신에게 달려 있습니다.

당신이 시간을 정할 수 있다

"열두 해를 혈루증으로 앓아 온 한 여자가 있어 많은 의사에게 많은 괴로움을 받았고 가진 것도 다 허비하였으되 아무 효험이 없고 도리어 더 중하여졌던 차에 예수의 소문을 듣고 무리 가운데 끼어 뒤로 와서 그의 옷에 손을 대니 이는 내가 그의 옷에만 손을 대어도 구원을 받으리라 생각함일러라 이에 그의 혈루 근원이 곧 마르매 병이 나은 줄을 몸에 깨달으니라…여자가 자기에게 이루어진 일을 알고 두려워하여 떨며 와서 그 앞에 엎드려 모든 사실을 여쭈니 예수께서 이르시되 딸아 네 믿음이 너를 구원하였으니 평안히 가라 네 병에서 놓여 건강할지어다" 막 5:25-29,33-34

이 이야기는 우리의 유익을 위해 성경에 기록된 것입니다. 이 여인의 믿음의 본을 따름으로써 똑같은 단계를 밟게 되면, 우리는 기적을 받는 데 있어 확실히 동일한 결과를 얻게 될 것입니다. 다른 말로 하면, 하나님으로부터 기적을 받는 것은 신비로운 경험이 아니라 실제적인 경험이란 말입니다. 이는 당신이 당신의 기적을 받는 시간을 정할 수 있다는 뜻입니다! 대단한 소식이 아닙니까?

이제 이 여인이 하나님으로부터 기적을 받기 위해 밟아 나간 단계를 살펴봅시다.

믿음의 단계들

(I) 그녀는 듣고 믿었다

이 여인은 12년 동안 고통받았을 뿐만 아니라 당면하고 있는 삶을 받아들일 수밖에 없었을 것입니다. 그러나 그녀가 나사렛 예수님에 대한 소식을 들었을 때 상황은 바뀌기 시작했습니다. 그분의 명성이 그녀의 귀에까지 들렸던 것입니다. 그녀는 예수님에 관한 소식을 듣고, 그분에게 자신을 치유할 능력이 있다는 사실을 믿었습니다.

성경은 "그러므로 믿음은 들음에서 나며 들음은 그리스도의 말씀으로 말미암았느니라"롬 10:17라고 말씀합니다. 이는 당신이 들어야 한다는 말입니다. 이것이 기적을 받는 첫 번째 단계입니다. 필수적인 정보가 없다면, 믿음은 당신에게 올 수 없습니다. 당신은 하나님께서 당신을 사랑하셔서 당신이 건강하기를 원하신다는 소식을 들어본 적이 없다면, 어떤 사람들이 믿듯이 당신에게 질병을 둔 장본인이 바로 하나님이라고 믿으며 살아왔을 수도 있습니다. 그러므로 첫 번째 단계는 듣는 것이며, 그러면 믿음이 올 수 있습니다.

당신이 하나님의 말씀에 귀를 기울이고 그것을 믿을 때, 믿음은 당신에게 올 것입니다. 믿음이란 특정 시점에 당신에게 오는 어떤 것입니다. 당신에게 기적이 필요하다면, 당신은 하나님의 말씀이 당신의 상황에 대해 뭐라고 말씀하시는지를 발견해야 합니다. 하나님의 말씀이 하나님께서 당신의 상태에 대해 무언가를 하실 것이라고 말한다면, 당신은 하나님께 그렇게 해달라고 구할 수 있습니다. 그러나 하나님의 말씀이 하나님께서 이미 그 일을 하셨다고 말한다면, 당신은 더 이상 하나님께 그렇게 해달라고 구해서는 안 됩니다. 당신이 해야 할 일은 이미 당신에게 사용하도록 주신 것을 받는 일입니다.

(II) 그녀는 말했다

이 여인이 그 다음으로 한 것에 주목하십시오. 그녀는 예수님에 관한 소식을 들었을 때 "내가 그의 옷에만 손을 대어도 구원을 받으리라 생각[말]함일러라" 막 5:28라고 했습니다. 당신이 마태복음에서 똑같은 기사를 읽는다면, 거기에는 "열두 해 동안이나 혈루증으로 앓는 여자가 예수의 뒤로 와서 그 겉옷 가를 만지니 이는 제 마음에…[말]함이라" 마 9:20-21라고 기록되어 있습니다. 놀랍습니다! 그녀는 어떤 누군가에게 말한 게 아니었습니다. 자신에게 말했던 것입니다. 그녀는 스스로 확신을 가질 때까지 자신에게 말했습니다! 나는 그녀가 집에서 서성이며 자신에게 "예수님이 나를 만지실 필요도 없어. 내가 그분의 옷자락을 만질 수 있을 만큼 가까이 가기만 하면 돼!"라고 속삭이는 장면을 상상할 수 있습니다.

이것이 두 번째 원리입니다. 당신의 믿음을 소리 내어 말하십시오. 당신이 치유받을 것이라고 선언하십시오! 누구도 당신의 말에 귀를 기울이지 않아도 괜찮습니다. 당신이 하나님으로부터 받게 될 분명한 기적을 스스로에게 말하십시오. 듣고 믿은 후의 다음 단계는 그것을 말하는 것입니다!

(III) 그녀는 행동했다

혈루증을 앓던 여인은 듣고, 믿고, 갈망한 바를 말한 후에 실제로 중요한 다음의 단계를 밟아야 했습니다. 그것은 그녀가 믿음에 따라 행동하는 것이었습니다. 당신에게 설명해보겠습니다. 모든 것이 장밋빛처럼 포근하게 보이지 않을 수도 있지만, 당신은 행동해야 합니다. 이 점을 당신에게 좀 더 분명하게 해드리기 위해 제가 당신에게 알려주고 싶은 사실은, 이 여인이 예수님께 다가갈 때 커다란 난관에 직면했지만 그녀는 그 도전을 극복했다는 점입니다. 첫째, 그녀가 직면한 도전은 그 무엇보다 그녀 자신의 상태였습니다. 그녀의 상태는 그녀가 예수님께 다가가는 명분에 결코 도움이 되지 않았습니다.

둘째, 예수님은 혼자 다니는 것을 쉽게 찾아볼 수 없는 분이셨습니다! 그녀는 예수님이 계신 곳에 이르렀을 때 많은 무리의 사람들이 사방에서 그분께로 밀려드는 것을 보았습니다.

셋째, 모세의 율법은 혈루증을 앓는 사람이 공공장소에 나타나는 것에 대해 엄격하게 규정했습니다.

"어떤 여인이 유출을 하되 그의 몸에 그의 유출이 피이면 이레 동안 불결하니 그를 만지는 자마다 저녁까지 부정할 것이요 그가 불결할 동안에는 그가 누웠던 자리도 다 부정하며 그가 앉았던 자리도 다 부정한즉 그의 침상을 만지는 자는 다 그의 옷을 빨고 물로 몸을 씻을 것이요 저녁까지 부정할 것이며 그가 앉은 자리를 만지는 자도 다 그들의 옷을 빨고 물로 몸을 씻을 것이요 저녁까지 부정할 것이며 그의 침상 위에나 그가 앉은 자리 위에 있는 것을 만지는 모든 자도 저녁까지 부정할 것이며 누구든지 이 여인과 동침하여 그의 불결함에 전염되면 이레 동안 부정할 것이라 그가 눕는 침상은 다 부정하니라 만일 여인의

피의 유출이 그의 불결기가 아닌데도 여러 날이 간다든지 그 유출이 그의 불결기를 지나도 계속되면 그 부정을 유출하는 모든 날 동안은 그 불결한 때와 같이 부정한즉" 레 15:19-25

이것을 상상할 수 있습니까? 12년 동안 혈루증을 앓아온 그녀는 율법에 의해 '불결하다'는 낙인이 찍혔습니다. 그녀는 추방된 자였습니다. 누구도 그녀를 만져서는 안 되었을 뿐 아니라 그녀가 사용한 물건조차도 만져서는 안 되었습니다! 그러므로 그녀가 예수님께 다가가는 것이 얼마나 힘든 일이었을지 이제 아시겠습니까? 그녀는 밖으로 나와서 예수님께 다가가지 못하게 막는 종교적인 무리들과 섞여야 했습니다. 율법에 따르면, 그녀는 발각될 경우 돌에 맞아 죽을 수도 있었습니다. 그녀는 온갖 불리한 상황에 놓여 있는 상태였습니다. 왜냐하면 만약 예수님이 실제로 기름부음을 받지 않으셨다면, 그녀가 그분을 만짐으로써 오히려 그분이 부정해졌을 것이기 때문입니다. 그러나 그녀는 사람들 사이를 뚫고 지나갔습니다. 그녀는 행동했습니다! 소망만 품은 채로 자리에 앉아있지 마십시오. 일어나서 당신이 믿고 말한 것을 행하십시오! 어떤 것도 당신이 믿음으로 뚫고 지나가는 것을 막지 못하게 하십시오.

(IV) 그녀는 자신의 기적 안으로 들어갔다

성경은 그 여인이 예수님의 옷자락을 만지자마자 "…그의 혈루 근원이 곧 마르매 병이 나은 줄을 몸에 깨달으니라" 막 5:29라고 말씀합니다. 다른 말로 하면, 그녀가 즉각적인 증상의 완화를 느꼈다는 말입니다! 그녀는 어떤 사람들이 치유받을 때 하듯이 '집에 가서 여전히 치유된 상태인지 시험해봐야지.' 하고 속으로 생각할 수도 있었습니다. 그녀는 하나님의 능력이 통과하는 것을 감지했고, 믿음으로 기적을 취했습니다. 당신이 하나님의 능력이 당신의 몸을 통과하는 것을 경험할 때마다 그것을 받아들이고 믿음으로 당신의 치유를 붙잡으십시오! 당신이 그렇게 할 때, 치유는 당신 것이 됩니다.

지식의 말씀이 주어져서 당신의 사례가 언급될 때, '저것이 나에게 해당되는 것일까 아니면 다른 사람에 대한 것일까?' 라고 자신에게 묻지 마십시오. 곧장 그 안으로 들어가십시오! 하나님께서 이미 행하신 일로 인해 그분을 찬양하고, 당신이 전에는 할 수 없던 무언가를 하기 시작하십시오.

(V) 그녀는 그것을 전했다

> "예수께서…무리 가운데서 돌이켜 말씀하시되 누가 내 옷에 손을 대었느냐 하시니…여자가 자기에게 이루어진 일을 알고 두려워하여 떨며 와서 그 앞에 엎드려 모든 사실을 여쭈니 예수께서 이르시되 딸아 네 믿음이 너를 구원하였으니 평안히 가라 네 병에서 놓여 건강할지어다" 막 5:30,33-34

마지막으로 가장 중요한 단계는 간증하는 것입니다. 간증하기 전에 자신들의 기적을 "시험해보고" 싶어 하는 사람들이 있습니다. 그러나 당신의 기적을 유지하는 유일한 방법은 그것을 전하는 것이라는 것을 깨달아야 합니다. 예수님은 이 사실을 아셨기 때문에 그 귀한 여인으로 하여금 자신의 사례를 털어놓게 하신 것입니다. 예수님은 그녀를 찾아내어 자신의 능력을 과시하고 싶어서가 아니라, 그녀로 하여금 그 기적을 유지하도록 도와주고 싶으셨던 것입니다! 그녀는 슬그머니 빠져나가려고 했지만, 예수님은 그렇게 되면 그녀가 치유를 놓칠 수도 있다는 사실을 아셨습니다.

성경이 그녀가 무리 앞에서 예수님께 '모든 진상', 즉 사연 전부를 말씀드렸다고 말한 것에 주목하십시오. 그녀는 사소한 것 하나도 빼놓지 않고 모두 말씀드렸으며, 이것이 당신이 기적을 유지하기 위해 취해야 하는 바른 태도입니다. 당신이 다른 사람들에게 하나님께서 당신을 위해 하신 일을 전할 때, 당신은 하나님께 영광을 드리는 동시에 이미 받은 것을 확증하고 있습니다.

예수님은 '치유된 것being healed'과 '온전케 되는 것being made whole'의 차이를 아셨습니다. 당신이 간증함으로써 나타내고 있는 믿음이 치유 이상의 온전함을 당신에게 회복시킵니다. 이는 당신의 상태로 인해 잃어버린 모든 것들이 당신에게 회복된다는 말입니다!

당신은 예수님의 말씀에 순종하여 치유받았던 열 명의 나병환자의 이야기를 떠올릴 것입니다.눅 17:12-19 성경은 그들 중 단 한 사람만이 주님께 돌아와 감사를 드렸기 때문에 온전케 되었다고 구체적으로 기록합니다. 예수님은 이렇게 말씀하셨습니다. "…열 사람이 다 깨끗함을 받지 아니하였느냐 그 아홉은 어디 있느냐 이 이방인 외에는 하나님께 영광을 돌리러 돌아온 자가 없느냐 하시고 그에게 이르시되 일어나 가라 네 믿음이 너를 구원하였느니라 하시더라"눅 17:17-19

다른 말로 하면, 다른 나병환자들도 나병에서 치유되었지만, 돌아와서 감사드린 사마리아 사람만이 육체 가운데 잃어버린 모든 부분이 회복되었다는 말입니다. 나병이 먹어치운 그의 팔다리가 즉시 회복되었습니다. 반면에, 다른 나병환자들은 그저 깨끗케 되었을 뿐입니다.

나는 오늘 당신이 이 단계를 작동시켜서 당신의 기적을 받는 시간을 정하기를 권면합니다.

치유학교에서의 하나님의 사람
크리스 목사님

치유학교에 도착한 방문자들

치유학교로 이동 중인 방문자들(한국팀)

"예수께서 제자들 앞에서 이 책에 기록되지 아니한 다른 표적도 많이 행하셨으나 오직 이것을 기록함은 너희로 예수께서 하나님의 아들 그리스도이심을 믿게 하려 함이요 또 너희로 믿고 그 이름을 힘입어 생명을 얻게 하려 함이니라" 요 20:30-31

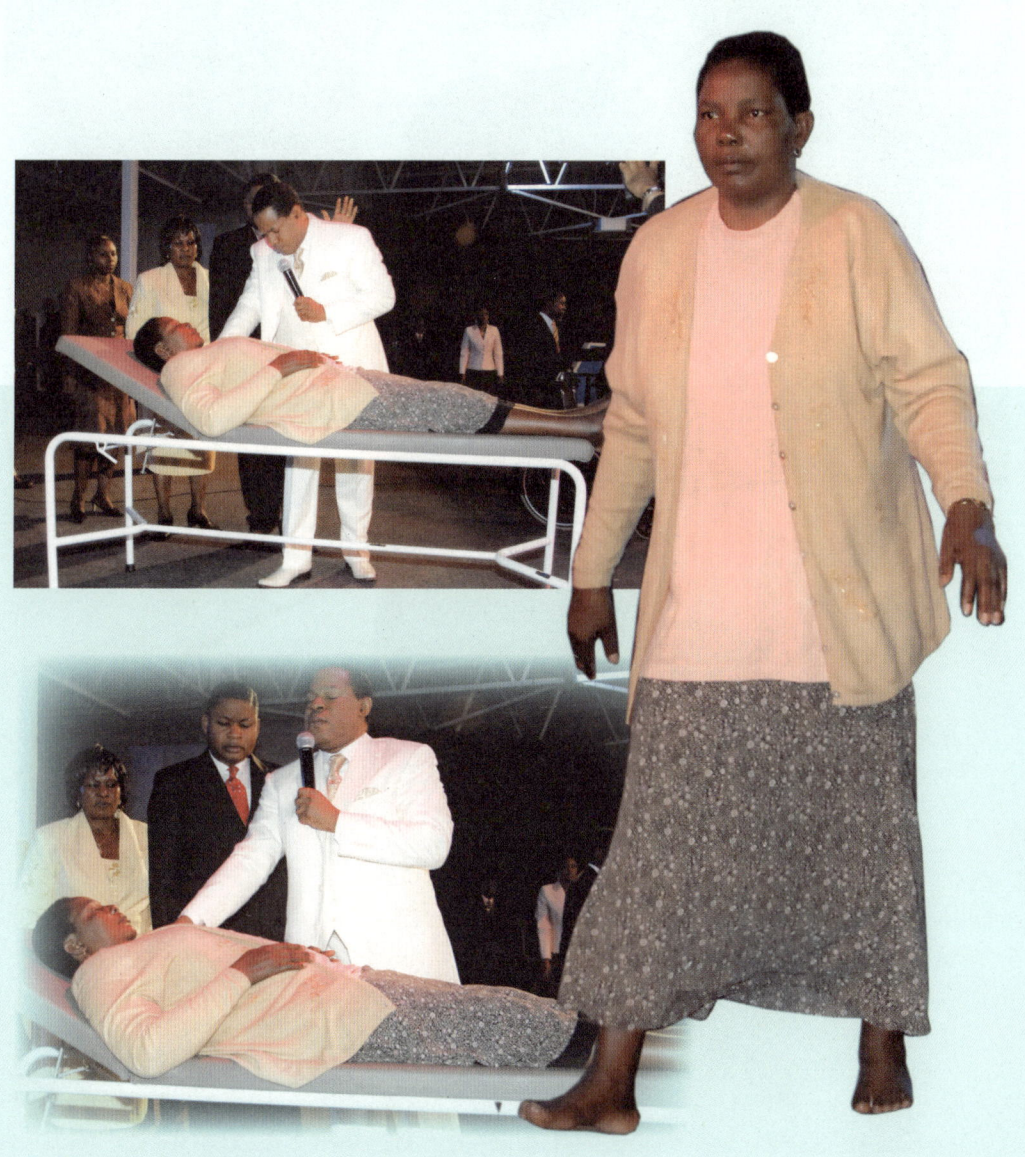

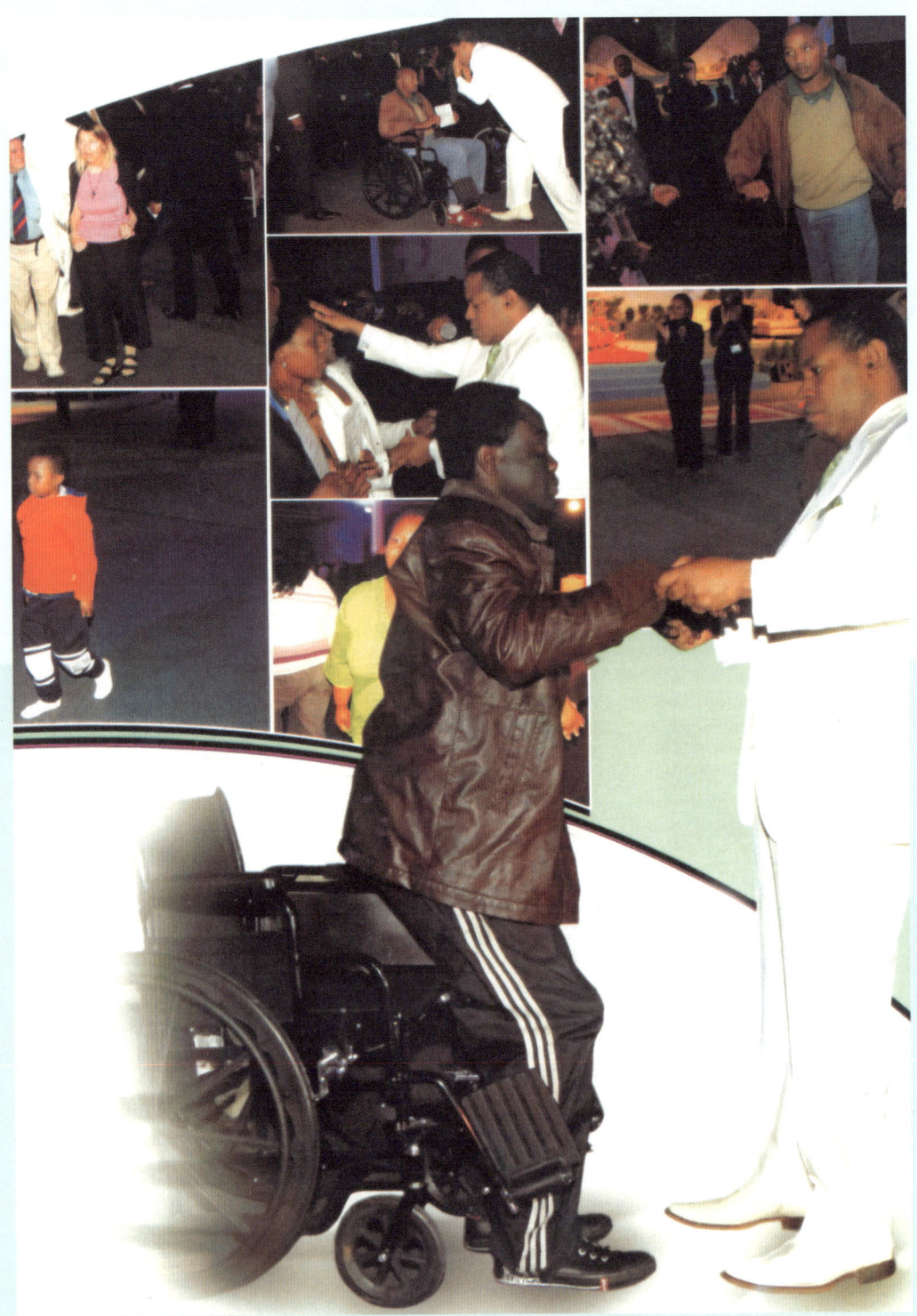

에이즈(HIV)에 대한 또 하나의 기적

16

크고타초 모엘레치

2007년 언젠가 고통스럽고 사그라질 줄 모르는 기침의 발작이 시작되었습니다. 그녀는 병원에 가서 몇 가지 약을 받았습니다. 크고타초 모엘레치Kgothatso Moeletsi는 두 달 동안 약을 복용했지만 기침은 여전했습니다.

몇 주간의 검사와 진단을 받은 후 그녀는 마침내 결핵이라는 진단을 받았습니다. 그녀는 즉시 결핵의 일반적인 처치와 약 처방을 받았습니다. 그러나 그녀는 더 이상 호전되지 않았습니다.

진단을 받고 얼마 되지 않아서 그녀는 호흡곤란을 겪기 시작했습니다. 검사 후 의사는 그녀가 기관지염으로 인해 심각한 호흡기 질환도 앓고 있는 것을 발견했습니다. 그녀가 병들어 있고 상태의 심각성 정도가 석연치 않음을 감지한 의사는 그녀에게 에이즈 검사를 받아보도록 권했습니다. 악화된 건강상태를 염려한 그녀는 즉시 검사를 받았습니다.

검사로 인해 그 모든 것이 밝혀졌습니다. 그녀는 에이즈 검사에서 양성반응이 나타났습니다. 그녀는 온 세상이 무너지는 것 같았습니다.

"아시다시피, 이 병은 치료법이 없습니다."라고 의사가 말했습니다. "그러나 당신에게 도움이 될 수도 있는 면역 강화제가 있습니다."

당시 그녀는 스물여덟 살에 불과했지만, 자신의 인생이 갑자기 끝나버렸다고 느꼈습니다.

그 후로 그녀에게 인생은 견딜 수 없는 것이 되어버렸습니다. 그녀는 등에 심한 통증을 겪었는데, 그로 인해 제대로 앉을 수조차 없었습니다. 그녀는 쥐어짜는 듯한 두통과 가슴 통증을 겪기도 했습니다. 그런 통증과 내려치는 듯한 두통으로 인해 잠자는 것도 거의 불가능했습니다. 그녀는 조금만 힘을 써도 피곤하고 숨쉬기조차 너무 힘들다는 사실을 발견했습니다. 그녀는 통증 때문에 어떤 방향으로든 몸을 굽힐 수가 없었습니다.

약이 조금은 도움이 될지 모른다는 희망으로 약을 구입하는 데 거금을 썼지만, 그것은 도움이 되지 않았습니다. 그녀는 자주 의사를 찾아갔고, 그로 인해 병원비 청구서는 엄청나게 쌓여갔습니다. 그럼에도 그녀의 건강은 계속해서 악화되었습니다. 의사들이 해주었던 어떤 것도 그녀에게 도움이 되지 않았습니다.

그 후 몇 달이 지나자, 그녀의 재정은 처참하게 줄어들었습니다. 그녀는 더 이상 약값과 병원비를 감당할 수 없었습니다. 당시 아직 학교에서 공부하고 있던 그녀는 더 이상 학비도 감당할 수 없는 지경에 이르렀습니다. 건강의 악화와 증가되는 재정 부담으로 인해 그녀는 학교를 그만두기로 결정했습니다.

순식간에 이 상황은 그녀의 감정에 타격을 주기 시작했습니다. 그녀는 낙심했으며, 죽음의 공포가 그녀를 사로잡았습니다. "제가 에이즈 양성 판정을 받았을 때, 생각할 수 있는 것은 온통 죽음뿐이었습니다."라고 그녀는 말했습니다.

그때 그녀를 더 큰 절망으로 몰아넣은 일이 일어났습니다. 그녀가 6살 난 아들에게 자신의 상태와 자신이 죽을 수도 있다는 사실을 말했을 때, 아들이 "난 엄마가 내가 자라나는 것을 지켜봤으면 좋겠어요."라고 대답했습니다. 그 말을 듣자 그녀는 감정을 주체하지 못하고 마음으로 울부짖었습니다.

이 시기 동안 그녀는 성경말씀으로부터 위로와 힘을 얻었습니다. "저는 말씀 위에 살고, 말씀을 숨쉬고, 말 그대로 말씀을 먹었습니다."라고 그녀는 말했습니다. "말씀은 제 안에 뿌리를 내렸습니다. 그래서 저는 하나님이 저를 치유하실 줄 알았습니다."

그러다가 2008년에 분명한 하나님의 계획으로 한 친구가 그녀에게 치유학교에 대해 알려주었습니다. 그녀는 전혀 주저하지 않고 바로 그 해 남아공 요하네스버그에서 열리는 치유학교에 참석하기로 결정했습니다. "저는 하나님이 하나님의 사람 크리스 목사님을 통해 저를 치유하실 줄 알았습니다."라고 그녀는 감격했습니다.

그녀는 당시 요하네스버그에 살고 있어서 치유학교를 찾는 데 그리 오래 걸리지 않았습니다. 치유학교에 들어온 순간, 그녀는 하나님의 성령의 기름부음을 아주 강하게 감지했고 자신이 올바른 장소에 있다는 것을 알았습니다. 그런 다음 전에는 전혀 알지 못했던 진리를 하나님의 말씀으로부터 배우기 시작했습니다. "저는 제가 배운 하나님의 말씀을 붙잡았습니다."라고 그녀는 말했습니다. "시간이 지나자 저는 제 몸의 변화를 느낄 수 있었습니다."

치유학교에 등록하고 며칠 뒤 그녀는 크리스 목사님이 치유받기 위해 줄 서 있는 사람들에게 사역하신 치유집회에 참석했습니다. 그녀의 믿음은 엄청나게 자라났습니다. 그래서 그녀는 하나님의 사람이 사역하고 난 후에 사람들이 내지르는 기쁨의 환호를 보았을 때 "저 일이 단기간에 내게도 일어날 거야!"라고 선언했습니다. 치유집회 가운데 특별히 그녀의 관심을 사로잡았던 것은 완전히 진행된 에이즈로부터 어떤 여인이 치유를 받은 장면이었습니다. "하나님이 그녀를 위해 하실 수 있으셨다면, 나를 위해서도 하실 것이다."라고 그녀는 말했습니다.

그녀는 증가된 믿음을 가지고 다음 날 병원에 가서 검사를 받아보기로 결정했습니다. 그리고 놀랍게도, 검사 결과는 음성으로 나왔습니다! 그녀는 실감이 나지 않을 만큼 너무도 좋았습니다. 치유학교에서 하나님의 임재 가운데 단 하루를 보냈을 뿐인데 치유된 것입니다!

다음 날, 그녀는 다시 병원에 가보기로 결정했고, 의사는 그녀가 이미 알고 있던 대로 에이즈 음성, 즉 하나님의 능력으로 완전히 나은 것을 확인시켜주었습니다! 말로 할 수 없는 기쁨으로 가득한 그녀는 치유학교로 돌아가서 자신의 기적을 간증했습니다. 그러나 그녀는 계속해서 치유학교에 머물기로 결정했습니다. "저는 신성한 건강을 원했습니다!"라고 그녀는 말했습니다.

치유집회가 있던 날, 그녀는 엄청나게 흥분하면서 치유를 받기 위해 줄을 서 있었습니다. "저는 제가 무엇 때문에 왔는지 알았습니다."라고 그녀는 말했습니다. 그때 하나님의 사람이 강당 안으로 들어왔고, 그녀는 하나님의 능력 아래 떨기 시작했습니다. "저는 제가 느끼고 있던 것을 설명할 수가 없었습니다. 저는 하나님이 제 안에서 역사하시는 것을 알았습니다."라고 그녀는 간증했습니다. 바로 그때, 하나님의 사람이 그녀에게 손을 얹자 그 즉시 그녀는 하나님의 능력 아래 쓰러졌습니다. 그녀는 일어났을 때 자신을 온전케 하신 하나님을 찬양했습니다. "저는 제 몸의 변화를 감지했습니다. 저는 하나님께 너무도 감사드립니다!"라고 그녀는 기뻐했습니다.

그녀는 치유받은 지 1년이 넘었지만 아직도 그녀가 받은 기적으로 인해 놀라고 있습니다. 큰 회중 앞에서 간증을 한 후 그녀는 "저는 이제 모든 것을 할 수 있습니다. 빨래며, 요리며, 운전이며, 전부 다 할 수 있습니다!"라고 선언했습니다. 자신이 받은 치유에 여전히 압도당한 그녀는 모든 방향으로 몸을 굽혀서 주님이 행하신 일을 모든 사람들이 볼 수 있게 했습니다.

그녀는 치유받은 이후로 하나님과 동행하는 삶에서도 성장했습니다. 그녀가 치유학교에서 받은 하나님의 말씀은 그녀의 삶 전체를 변화시켰습니다. "저는 치유학교에서 치유 이상의 것을 받았습니다. 하나님의 말씀은 저의 구석구석까지 바꿔버렸습니다."

그녀는 믿음으로 하나님께 나오는 모든 사람들이 취할 수 있는 하나님의 구원하시는 능력에 대한 살아 있는 증거로 남아 있습니다.

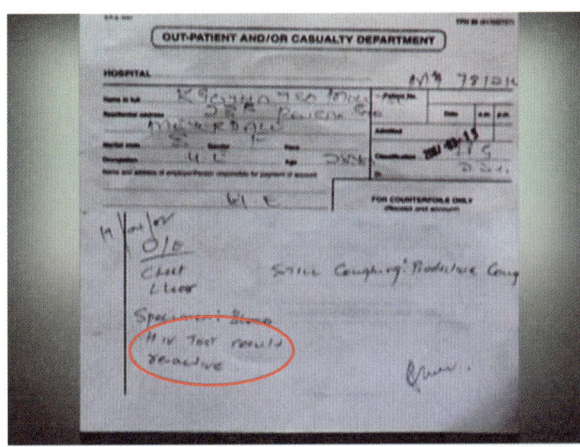

크고타초가
에이즈 양성이었음을
보여주는 검사 결과지

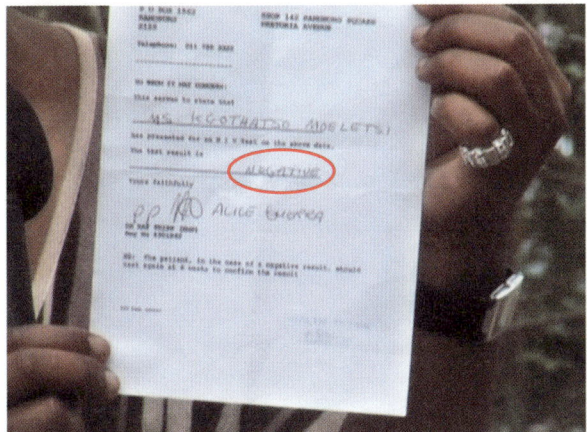

치유받은 후에
에이즈 음성이 되었음을
보여주는 새로운 검사 결과지

당신의 치유를 유지하기 17

말씀에 주목하라

치유는 당신을 향한 하나님의 뜻입니다. 치유는 하나님의 자녀인 당신의 생득권입니다. 그러나 마귀는 아픔과 질병으로 당신을 무너뜨리려고 온갖 수단을 끊임없이 찾고 있습니다. 성경은 베드로전서 5:8에서 "근신하라 깨어라 너희 대적 마귀가 우는 사자 같이 두루 다니며 삼킬 자를 찾나니"라고 말씀합니다.

하나님은 우리에게 이미 주신 것을 유지하는 법을 그분의 말씀을 통해 알려주셨습니다. 어떤 사람들은 하나님께서 항상 지켜보고 계시다가 그들이 어떤 잘못을 하면 치유를 도로 빼앗아 가실 것이라고 생각합니다. 아닙니다. 하나님은 그런 분이 아니십니다! 하나님은 당신에게 주신 것을 도로 빼앗아 가시는 분이 절대 아닙니다. 성경은 하나님의 은사와 부르심은 후회하심이 없다고 말씀합니다.롬 11:29 그러므로 하나님은 당신에게 이미 주신 것을 도로 빼앗아 가지 않으실 것입니다.

성경은 잠언 4:20-22에서 "내 아들아 내 말에 주의하며 내가 말하는 것에 네 귀를 기울이라 그것을 네 눈에서 떠나게 하지 말며 네 마음 속에 지키라 그것은 얻는 자에게 생명이 되며 그의 온 육체의 건강이 됨이니라"라고 말씀합니다.

치유를 유지하는 첫 번째 단계는 말씀에 주목하는 것입니다. 위의 성경구절에서 사용된 "주의하다attend;주목하다"라는 말은 '제쳐놓다to step aside'라는 뜻의 히브리어를 번역한 것입니다. 여기에 내포된 의미는 당신이 어떤 사람을 만나거나 그에게 시간을 내어주는 것과 같이 말씀에 주목한다는 뜻입니다.

다른 말로 하면, 하나님은 당신이 무슨 일을 하든지 만사를 제쳐놓고 하나님의 말씀에 귀를 기울이기를 바라신다는 말입니다. 당신의 마음이 여러 가지 일로 매우 분주할 수 있지만, 하나님은 "그 모든 일을 제쳐놓고 나의 말에 귀를 기울여라."라고 말씀하고 계십니다. 하나님은 또한 그래야 하는 이유를 우리에게 알려주십니다.

"그것(나의 말)은 얻는 자에게 생명이 되며 그의 온 육체의 건강이 됨이니라" 잠 4:22 이 성경구절에서 "건강"이라는 말은 히브리어 '마르페marpe'를 번역한 것으로, '치료법' 또는 '치료약'이란 뜻입니다. 이는 치유와 건강과 건전의 의미를 담고 있습니다. 하나님의 말씀은 치료약입니다. 하나님의 말씀이 당신을 건강한 상태로 유지시켜 줄 것입니다! 그것은 어떤 치료약이나 예방약보다 훨씬 더 낫습니다.

하나님의 말씀에 대한 무지는 하나님의 많은 자녀들에게 해악을 끼쳐왔습니다. 성경은 호세아 4:6에서 "내 백성이 지식이 없으므로 망하는 도다"라고 말씀합니다. 당신이 말씀을 가지고 질적으로 좋은 시간을 보낼 수 있다면, 당신의 몸을 손상시키는 힘이나 능력을 지닐 병은 없습니다.

하나님의 말씀이 온 세상을 창조했다는 사실을 이해하십시오. 또한 성경은 그분의 능력의 말씀이 만물을 지탱하고 있다고 말씀합니다. 히 1:3 하나님의 말씀의 설계에 따라 이 세상에 있는 모든 것들이 제자리에 있고 기능하게 된 것입니다. 하물며 당신은 어떻겠습니까? 당신은 하나님의 말씀으로 태어났습니다. 성경은 베드로전서 1:23에서 "너희가 거듭난 것은 썩어질 씨로 된 것이 아니요 썩지 아니할 씨로 된 것이니 살아 있고 항상 있는 하나님의 말씀으로 되었느니라"라고 말씀합니다. 게다가, 온 세상을 창조하신 분이 당신 안에 살고 계십니다!

계속 말하라!

치유를 유지하는 다음 단계는 당신의 치유와 건강에 관한 하나님의 말씀을 계속해서 말하는 것입니다. 이는 당신에 관한 하나님의 말씀을 고백하거나 인식한다는 뜻입니다. 성경은 히브리서 10:23에서 "또 약속하신 이는 미쁘시니 우리가 믿는 도리의 소망을 움직이지 말며 굳게 잡고"라고 말씀합니다. 이 구절에서 "믿는 도리profession"라는 말은 헬라어 'homologia호몰로기아'를 번역한 것인데, '고백confession'과 동일한 단어입니다. 고백이라는 말은 사실상 다른 이와 동의하거나 일치해서 똑같은 것을 말한다는 의미입니다. 히 10:23

이제, 성경은 당신의 믿음의 고백을 굳게 붙잡으라고 말씀합니다. 이는 하나님께 동의하여 똑같은 것을 말하기를 굳게 고수한다는 뜻입니다. 다른 말로 하면, 하나님이 당신에 대해 말씀하시는 것에 동의하라는 말입니다. 그리고 흔들림 없이 그것을 인식하고 선언하라는 말입니다. 하나님의 말씀 번역God's Word Translation 성경은 이것을 "우리는 우리의 믿음의 선언을 확고하게 계속 붙잡아야 한다. 약속을 하신 분은 신실하시다"히 10:23라고 표현합니다.

다른 말로 하면, 증상이 다시 나타나더라도 당신의 믿음의 선언을 확고하게 붙잡아야 한다는 말입니다. 당신이 어떻게 느끼는지와 상관없이 하나님이 말씀하신 것을 계속 말하십시오. 성경은 "이는 우리가 믿음으로 행하고 보는 것으로 행하지 아니함이로라"고후 5:7라고 말씀합니다. 당신의 느낌이 당신이 누구인지를 규정하지 않습니다. 하나님의 말씀이 진정으로 당신을 묘사합니다.

고백을 통해 당신의 치유와 건강을 붙잡으십시오. 당신의 육체의 상태는 다른 것을 말할 수도 있습니다. 그러나 하나님의 말씀을 말하는 것을 멈추지 마십시오. 하나님은 "너의 상황이 말씀에 순응할 때만 내가 너에 대해 말한 것과 똑같이 말하라"고 말씀하지 않으셨습니다. 하나님은 "너의 현재 상황이 나의 말씀이 너의 삶에 대해 말한 실재들과 충돌하는 것처럼 보일 때도 나의 말씀에 동의하여 똑같은 것을 말하라"고 말씀하셨습니다. 우리는 우리의 상황이 말하는 것에 의해 살지 않고, 하나님의 말씀에 대한 믿음으로 살아갑니다.

당신의 말은 씨앗입니다. 그것은 당신을 위해 당신이 하는 말을 거둬들입니다. 당신이 땅에 씨앗을 뿌리면, 그 씨앗은 자라나 열매를 맺습니다. 씨앗을 심은 첫날에 열매를 맺지는 않지만, 분명히 자라나기 시작할 것입니다. 그리고 심은 씨앗에 물을 줄 때 그 씨앗은 계속 자라날 것이며, 어느 날 당신은 줄기를 보게 될 것이고, 머지않아 이파리를 볼 것이고, 마침내 열매를 보게 될 것입니다. 당신의 말이 역사하는 방식도 이와 마찬가지입니다.

예수님은 마가복음 4:26-29에서 이 진리를 비유로 이렇게 말씀하셨습니다. "…하나님의 나라는 사람이 씨를 땅에 뿌림과 같으니 그가 밤낮 자고 깨고 하는 중에 씨가 나서 자라되 어떻게 그리 되는지를 알지 못하느니라 땅이 스스로 열매를 맺되 처음에는 싹이요 다음에는 이삭이요 그 다음에는 이삭에 충실한 곡식이라 열매가 익으면 곧 낫을 대나니 이는 추수 때가 이르렀음이라"

그러므로 당신의 몸에게 하나님의 말씀을 계속 말하십시오. 그러면 당신은 틀림없이 신성한 건강과 성공과 번영을 지속적으로 추수할 것입니다.

말씀을 따라 계속 행동하라

치유를 유지하는 세 번째 단계는 말씀을 따라 계속 행동하는 것입니다. 치유를 받은 지금, 팔짱을 낀 채로 그저 쉬고만 있지 마십시오. 계속해서 당신의 치유를 보여주십시오. 그것이 바로 하나님의 말씀을 따라 행동하는 강력한 방법입니다. 마귀가 당신에게 "이봐, 조심해. 너는 완전히 낫지 않았어. 너는 그렇게 할 수 없어!"라고 말할지도 모릅니다. 마귀를 향해 단호한 표정을 지으며 그리스도 예수 안에 있는 당신의 치유를 선언하십시오. 그리고 하나님의 말씀을 따라 계속 행동하십시오. 당신의 몸의 모든 세포와 조직과 기관과 순환계가 확실히 이에 순종할 것입니다!

물론, 당신이 치유를 받았다고 마귀가 축하할 리 만무합니다. 그러므로 증상이 절대 나타나지 않을 것이라고 생각하지 마십시오. 증상이 나타나더라도, 당신이 치유를 유지할지 말지는 마귀의 거짓말에 대한 당신의 반응에 달려 있습니다.

나는 우리의 치유집회에서 사람들이 치유를 받을 때면 언제나 그들에게 "당신이 전에는 할 수 없었던 것을 하십시오."라고 말해줍니다. 그들이 말씀을 따라 행동하지 않으면 치유를 놓치고는 아무 일도 일어나지 않았다고 생각하면서 집으로 돌아갈 것이기 때문입니다. 하나님은 그들을 만지셨지만, 그들이 반응하지 않았기 때문에 놓쳤던 것입니다.

진리는 당신이 당신에 관한 하나님의 말씀에 따라 행동할 때까지는 삶에서 하나님의 말씀이 실재임을 경험하지 못할 것이라는 사실입니다. 사실, 이것이 믿음에 관한 전부라 할 수 있습니다. 즉 믿음은 당신이 육신의 눈으로 보지 못하더라도 하나님의 말씀의 진리에 따라 행동하는 것입니다.

기억하십시오. 하나님의 치유의 능력은 당신의 몸의 지체 속에 역사하고 있습니다. 이 사실을 계속 의식하면서 그렇게 행동하십시오. 당신이 항상 창문을 닫고 '병실'에 자신을 가두고, 서랍에는 약이 널려 있어서 당신 방에 들어온 사람은 누구든지 그곳에 병자가 있다는 것을 알게 했다면, 이제는 그것을 바꾸어야 합니다. 방으로 들어가서 청소하고 창문을 활짝 열고는 신선한 공기가 들어오게 하십시오! 그것이 바로 당신이 치유를 유지하는 방법입니다. 계속해서 낫기 전에 살던 방식 그대로 지내지 마십시오. 당신은 그 방식을 바꾸어야 합니다.

마귀나 다른 누구도 다른 것을 말함으로써 당신에게 거짓말을 하지 못하게 하십시오. 당신은 하나님께 치유받은 자입니다!

계속 웃어라!

치유를 유지하는 또 다른 방식은 항상 웃는 것입니다! 성경은 "마음의 즐거움은 양약이라도 심령의 근심은 뼈를 마르게 하느니라" 잠 17:22라고 말씀합니다. 하나님의 말씀은 웃음이 치료의 효과가 있다는 사실을 우리에게 알려줍니다. 웃음은 당신의 몸에서 약처럼 역사합니다.

당신은 하나님의 말씀이 당신의 몸에 치료약이라는 사실을 배웠습니다. 이제 성경은 즐거운 심령이 치료약처럼 유익을 끼친다는 사실을 당신에게 알려줍니다. 당신이 이전에 느꼈던 몇 가지 증상이 몸에 나타나면, 염려하면서 근처 병원으로 달려가지 마십시오. 있는 그 자리에서, 웃기 시작하십시오. 그 웃음이 당신의 영 안으로 들어갈 때까지 웃으십시오. 그런 다음, 당신의 몸에다 하나님의 말씀을 말하십시오. 당신이 느끼든 느끼지 않든 상관없이 하루에 몇 차례씩 이렇게 하십시오. 머지않아 말씀이 그 증상을 장악하여 당신은 압도적인 기쁨으로 가득 차게 될 것입니다.

어떤 것도 가능하다! 18

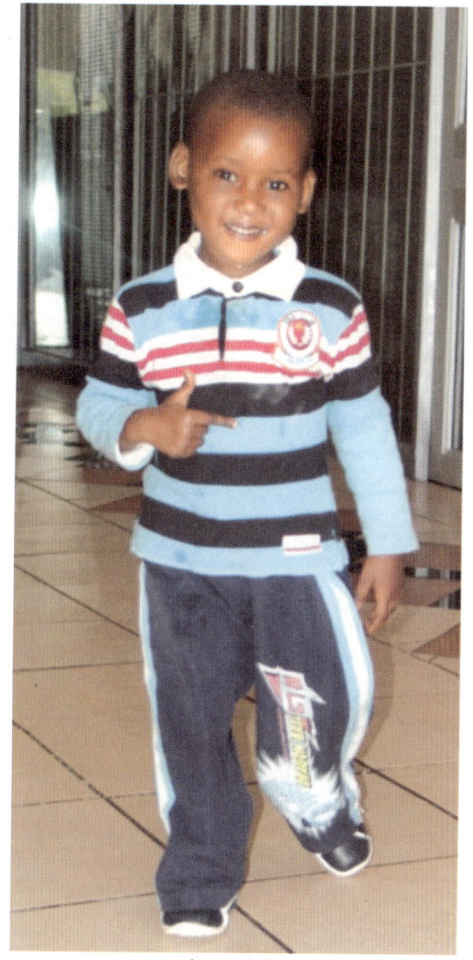

탄도 시예고

잔디사 시예고Zandisa Siyego는 아들 탄도 시예고Thando Siyego를 낳을 때 의사가 해 준 말을 받아들일 준비가 전혀 되어 있지 않았습니다. 탄도가 태어난 직후에 의사는 탄도의 전두엽에 문제가 있는 것을 발견했습니다. 궁금증과 혼란이 교차한 상태에서 의사들은 즉시 탄도에 대한 검사를 진행했습니다.

잔디사가 결과를 기다리며 병원 침대에 누워 있었을 때, 그녀의 기쁨은 점점 진정되지 않는 두려움으로 바뀌었습니다. 불과 몇 시간 전만 해도 그녀는 큰 기쁨으로 아이의 탄생을 기대했습니다. 그러나 이제 그녀는 혼란에 빠져버린 것입니다.

몇 시간 후, 험상궂은 표정을 한 의사가 그녀의 침대 곁으로 걸어오더니 "당신의 아이는 뇌성마비입니다. 임신기간 중 아이의 뇌가 손상을 입어 생긴 것 같습니다."라고 설명했습니다.

잔디사의 심장박동이 요동쳤습니다. 마치 병원의 벽이 그녀에게로 점점 조여드는 것 같았고, 도저히 그곳을 빠져나가지 못할 것만 같았습니다.

의사는 심히 걱정된다는 듯이 그녀를 바라보며 계속 설명했습니다. "몸을 움직이고 근육을 조절하는 것을 방해하는 일련의 장애요소들이 있습니다. 의학은 오직 장애요소로 인해 생기는 합병증을 조치할 수 있을 뿐 치료법을 제공할 수는 없습니다."

잔디사의 눈에서는 뜨거운 눈물이 솟아나 하염없이 흘러내렸습니다. '정상적인 자녀를 기르는 데도 온종일 시간을 보내야 하는데, 치료법도 없는 상태의 이 아이를 어떻게 길러야 한다는 말인가?' 의사는 그녀의 생각을 읽고 있다는 듯이 이렇게 말했습니다.

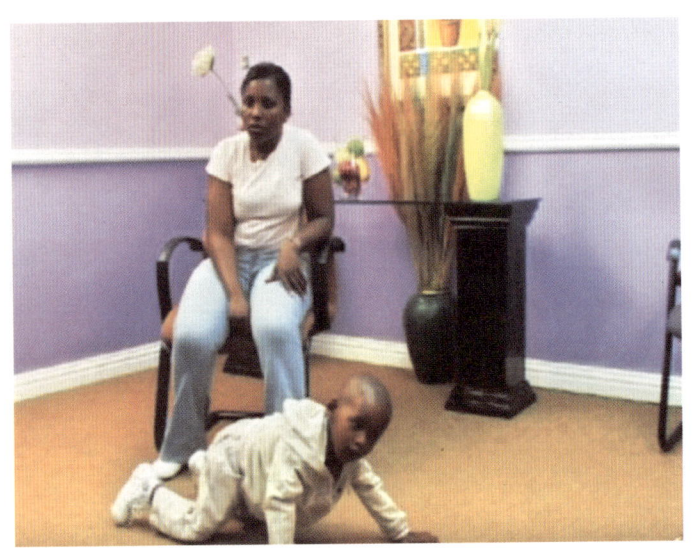

"도움이 될 수 있는 약과 운동이 있습니다. 그러나 아이는 절대로 정상적인 삶을 살지는 못할 것입니다."

모든 엄마가 그렇듯, 잔디사의 심령도 아들의 상태에도 불구하고 그를 향한 사랑으로 흘러넘쳤습니다. 그녀는 자신이 할 수 있는 한 최선을 다해 탄도를 기르기로 마음을 정했습니다. 그녀는 의사가 알려준 모든 것을 한다면, 아이가 그 상태를 벗어나 정상이 되지 않을까 하고 생각했습니다. 그러나 며칠이 몇 주가 되고, 몇 주가 몇 달이 되며, 그 몇 달이 몇 년이 되었지만, 실망스럽게도 탄도의 상태는 아무런 차도가 없었습니다. 잔디사는 약과 물리치료에 많은 돈을 썼지만 그것이 지속적인 해결책을 제공하지는 못했습니다.

탄도는 2살이 되었을 때도 한마디 말도 못하고 서지도 못하며 혼자서 걷지도 못했습니다. 탄도는 조절되지 않는 동작으로 주변을 기어 다녔고, 모든 것에 느릿느릿하게 반응했습니다. 네 번째 생일을 맞을 무렵에도 여전히 거북이처럼 기어 다니면서 말을 전혀 하지 못했습니다. 다른 사람의 도움 없이는 혼자 있지 못할 뿐 아니라 또래 아이들의 활동에도 참여할 수 없었습니다.

실망하고 절망한 그녀는 학교환경이 탄도의 상태를 개선하는 데 도움이 될 것이라는 희망으로 아이를 학교에 입학시키기로 결정했습니다. 그러나 어느 학교도 아이를 받아들여 주지 않았기에 입학은 불가능하였습니다. 학교는 탄도에 대해 책임지기를 거부했던 것입니다. 그녀가 이 세상의 어떤 것도 아들에게 도움을 주지 못한다는 사실을 깨달은 것은 바로 이때였습니다. 그녀는 하나님께만 유일한 해결책이 있다는 사실을 알았습니다.

그녀가 치유학교에 대한 소식을 들었을 때 그것은 마치 빛줄기가 어두운 구름을 뚫고 들어온 것 같았습니다. 어쨌든 그녀는 하나님이 그녀의 기도에 응답하신 것을 알았습니다. 그리하여 몇 주 동안, 그녀는 치유학교에 참석할 계획을 세웠습니다.

그녀가 치유학교에 도착했을 때 그곳의 분위기는 기름부음으로 가득했고, 그녀는 자신이 바른 장소에 있다는 사실을 알

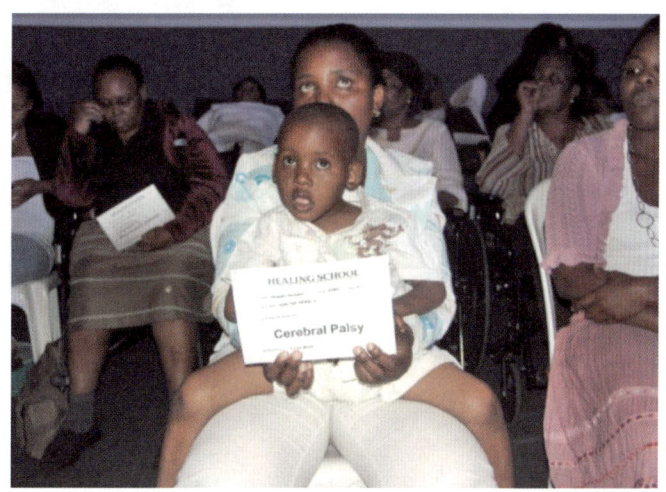

어떤 것도 가능하다! 123

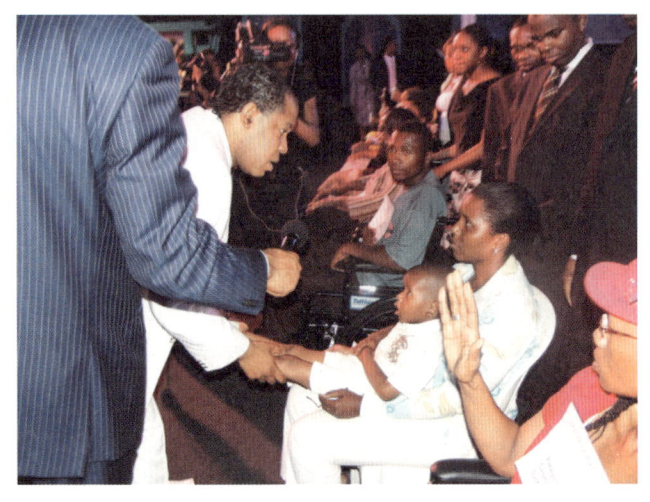

았습니다. 그녀가 사역을 받을 날이 되었습니다. 그리고 치유집회가 시작되었을 때 기름부음은 더욱 강해졌습니다. 그녀는 아이를 무릎에 앉히고서 아이를 위해 진심으로 기도했습니다. 그녀는 아이가 변화되는 순간이 왔다는 사실을 알았습니다.

크리스 목사님이 강당 안으로 들어왔을 때의 기쁨과 믿음의 분위기는 간단히 말해 깜짝 놀랄 지경이었습니다. 잠시 후, 크리스 목사님이 그녀와 아이가 있는 곳으로 성큼성큼 걸어왔습니다. 크리스 목사님은 엄마 품에 안겨 있는 어린 탄도를 긍휼의 눈으로 바라보더니 그에게 손을 뻗었습니다. 즉시, 그녀는 하나님의 강력한 임재에 압도되었습니다. 그녀는 어떤 중요한 일이 그들의 삶에 일어나고 있다는 사실을 깨달았습니다.

바로 그때, 하나님의 사람이 탄도에게 손을 얹고는 "이 아이는 자유하다!"라고 선언했습니다. 삶을

변화시키는 그 말과 함께, 아이는 엄마의 손에서 벗어나 생애 처음으로 똑바로 섰습니다! 기름부음과 그 자리에 일어난 놀라운 기적으로 인해 압도된 그녀는 울기 시작했습니다. 그녀는 누가 보든지, 자신의 모습이 어떻게 보이든지 상관하지 않고 하나

님을 경외하고 있었을 뿐입니다! 그녀의 아들은 고침을 받았고, 생애 처음으로 걸었던 것입니다!

그녀는 눈물 어린 눈으로 아이가 흥분하여 강당을 가로질러 달리는 모습을 보았습니다. 하나님의 능력이 의사들의 모든
예측에도 불구하고 아이의 상태를 바꾸어버렸습니다. 단 한 번의 하나님과의 만남을 통해 의학으로는 어쩌지 못했던 연약함이 간단히 사라졌습니다.

아들이 치유된 지 몇 달이 지났지만 그녀의 심령은 아직도 하나님께 대한 감사로 흘러넘치고 있습니다. 그녀에게 있어서 아들이 병에 걸려 있던 시기는 마치 다른 인생에 일어난 일만 같았습니다. 참으로 하나님께는 불가능한 일이 전혀 없습니다!

현재 탄도는 걷고 말할 수 있는 매우 행복한 아이다

치유를 훨씬 뛰어넘은 것이 있다

19

치유는 이미 당신 것이다

오늘날 당신이 병으로 고통받고 있다면, 치유는 그리스도 예수 안에서 당신이 쓸 수 있게 이미 주어졌습니다. 당신은 단 하루도 고통당해서는 안 됩니다. 질문은 이것입니다. 당신은 치유자Healer를 영접했습니까? 당신이 영접했다면, 치유는 당신 것입니다. 성경은 "그(예수님)가 찔림은 우리의 허물 때문이요 그가 상함은 우리의 죄악 때문이라 그가 징계를 받으므로 우리는 평화를 누리고 그가 채찍에 맞으므로 우리는 나음을 받았도다"사 53:5라고 말씀합니다.

예수님이 그 연약함에 대한 값을 치르셨다는 사실을 깨달으십시오. 당신이 몸에서 느끼는 고통을 예수님이 치르신 값과 연결시키십시오. 예수님은 당신을 위해 그분의 피를 흘리셨습니다. 당신의 몸에 있는 종양이 십자가에 못 박힌 것을 보십시오. 당신의 약함이 십자가에 달린 것을 보십시오. 그것은 더 이상 당신 것이 아닙니다. 이는 당신이 지금껏 당신을 속박해왔던 모든 연약함에서 간단히 걸어 나올 수 있다는 뜻입니다.

성경은 예수님이 십자가에 달려있는 동안, 그분의 용모가 세상의 어떤 사람의 모습으로도 보이지 않을 만큼 망가졌다고 기록합니다. 이는 이제껏 존재하고 또 존재할 모든 종류의 연약함이 그분에게 얹어졌기 때문입니다. 예수님이 당신을 대신하여 이미 고통을 당하셨다면, 왜 당신이 아직도 고통을 겪어야 합니까? 그러나 내가 앞서 지적했듯이, 많은 사람들이 겪는 도전은 말씀에 대한 무지로 인한 것입니다. 성경이 "내 백성이 지식이 없으므로 망하는도다"호 4:6라고 말씀하듯이, 그들은 모르기 때문에 고통을 당합니다. 오늘 무지로부터 벗어나 당신의 몸에 신성한 건강을 받으십시오. 당신의 고통은 불필요한 것입니다. 치유자를 영접하고, 그분이 당신에게 이미 치유를 가져오신 것을 보십시오.마 8:17

치유는 과거시제

하나님의 왕국에는 위대한 진리들이 있지만, 당신은 하나님의 것들에서 성숙해질 때 당신이 살아낼 수 있는 더 큰 진리들이 있다는 사실을 발견할 것입니다. 이사야 선지자는 성령을 힘입어 미래를 내다보면서 인류를 위한 하나님의 어린양의 희생을 보았습니다. 그런 다음 "…그가 채찍에 맞으므로 우리는 나음을 받았도다[받는다; KJV에는 현재시제로 되어 있음역자주]"사 53:5라고 선포했습니다. 그것은 경이로운 일입니다. 이미 이것을 알고서 그리스도와의 실제적인 관계로 들어갔던 베드로는 "…그가 채찍에 맞음으로 너희는 나음을 얻었나니"벧전 2:24라고 선언했습니다.

이것은 놀라운 말씀입니다! 하나님의 자녀인 당신은 치유가 필요하지 않습니다. 당신은 "왜지요?" 라고 물을지 모릅니다. 그것은 예수님이 채찍에 맞으심으로 당신이 이미 나았기 때문입니다. 예수님은 하실 일을 다 마치셨고, 값은 이미 지불되었습니다. 이제 증상이 당신에게 오면, 당신은 치유받을 필요가 없습니다. 당신은 2,000년 전에 이미 치유받았기 때문입니다!

연약함이 당신에게 세게 달라붙으려 할 때 울부짖거나 애걸하지 마십시오. 간단히 이렇게 말하십시오. "예수의 이름으로 명하노니 내 몸에서 떠나라. 예수님이 채찍에 맞으심으로 나는 나았다. 오늘 나는 치유된 자로서 존재한다." 그러고 나서 쉬십시오. 자연에 속한 모든 것은 당신이 목소리를 내어 말한 하나님의 말씀에 순응하게 될 것입니다. 당신은 예수님이 채찍에 맞으심으로 치유되었습니다. 어떤 것도 그 사실을 바꿀 수 없습니다!

하나님의 실재에서 살라

나는 존 지 레이크John G. Lake의 이야기를 읽은 적이 있습니다. 그가 남아공에 선교사로 있었을 때 많은 사람들을 멸망시킨 림프절페스트가 창궐했었습니다. 병자를 돌보고 죽은 자를 묻기 위해 온 의료진이 보호복을 입었지만, 그는 입지 않았다고 합니다. 그는 치명적인 질병에 감염되지 않는 이유에 대해 질문을 받았을 때, 그리스도 예수 안에 있는 생명의 성령의 법이 그를 죄와 사망의 법에서 해방하였다고롬 8:2 대답했습니다. 그가 그 생명의 성령의 법의 빛 가운데 걷는 한, 어떤 세균도 그에게 달라붙어 있을 수 없었습니다.

그는 의심하는 의료진들에게 하나님의 말씀의 실재를 입증하기 위해 살아 있는 림프절페스트균으로 자신에게 실험할 것을 요구했습니다. 그들은 살아 있는 박테리아를 그의 손에 놓고 현미경으로 관찰했을 때 깜짝 놀랐는데, 이는 박테리아가 손에 닿자 죽어 버린 것입니다! 레이크는 자기 안에 있는 하나님의 생명을 깊이 묵상했고, 그래서 그의 몸이 어떤 연약함에도 감염될 수 없음을 알았던 것입니다.

이것은 더 큰 진리입니다. 이는 치유보다 더 큽니다. 그리스도인의 생명은 질병에 굴복하지 않습니다. 그리스도인의 생명은 질병을 멸하는 생명입니다! 구약에서 하나님은 "육체(사람의 몸)의 생명은 피에 있음이라"레 17:11라고 말씀하셨습니다. 그렇기 때문에 피가 감염될 때 병에 걸리게 됩니다. 그러나 당신이 거듭났다면, 당신은 더 이상 혈관에 흐르는 피에 의해 살지 않습니다. 성경은 그리스도가 당신 안에 계시면, 당신의 몸은 죄로 인해 죽은 것이지만 영은 의로 인한 생명이라고 말씀합니다.롬 8:10,한글킹제임스 이는 성령님이 당신의 새로운 본성인 의로 인해 당신의 몸에 생명을 주신다는 뜻입니다.

다음 구절인 로마서 8:11은 그것을 더 강력하게 제시합니다. "그러나 예수를 죽은 자들로부터 일으키신 분의 성령이 너희 안에 거하시면, 그리스도를 죽은 자들로부터 일으키신 분이 너희 안에 거하시는 그분의 성령을 통하여 너의 죽을 몸에 생명을 주실 것이다(또는 살리실 것이다)"롬 8:11,NKJV 이로 인해, 당신은 아픔과 질병 및 모든 형태의 연약함이 무너뜨릴 수 없는 존재가 됩니다.

이런 생명의 영역에 있는 당신은 몸에 치유가 필요하지 않습니다. 당신의 몸에서는 어떤 연약함도 성공적으로 자라날 수 없습니다. 하나님의 꿈은 그분의 모든 자녀가 이 생명의 영역에서 기능하는 것입니다. 당신이 거듭나면, 당신은 이미 치유를 통과했습니다. 당신은 치유받은 자이고, 하나님은 당신 안에 사시는 그분의 성령을 통해 계속해서 당신의 몸에 양분을 공급하십니다. 더 나아가, 당신은 치유자가 되었습니다. 예수님은 "병든 자를 치유하라"고 말씀하셨지, "치유를 찾으라"고 말씀하지 않으셨습니다.

당신의 건강에 대해 말씀하시는 하나님의 말씀에 계속 연결되어 있으십시오. 그 말씀을 믿고 받아들일 뿐만 아니라 말하고, 그 말씀을 따라 행동하십시오. 당신의 건강에 관한 한, 그 말씀이 최종 권위입니다.

안드레아의 믿음의 걸음

20

이 일은 마치 어제 일어난 일만 같았습니다. 안드레아 메어리 트리 박사Dr. Andrea Mary Tree는 딸을 거의 잃을 뻔했던 그 사건을 결코 잊지 못할 것입니다. 그녀는 잠깐 딸아이가 놀도록 남겨 두었는데, 부주의한 운전자가 모는 차량이 딸아이가 있는 곳으로 돌진했을 때 그녀의 판단은 잘못된 것으로 판가름이 났습니다.

그녀는 당시 임신 7개월이었고, 육상선수가 달리듯이 재빨리 딸이 있는 도로로 돌진했습니다. 그러나 그 행동 하나가 그녀의 생애에서 가장 큰 재난이 되어버렸습니다. 그녀는 무언가가 갑자기 고관절을 관통하는 느낌이 든 순간, 땅바닥에 쓰러졌습니다. 딸

안드레아 메어리 트리 박사

대신에 그녀가 차에 치었던 것입니다. 딸아이는 구했지만, 그 후로 그녀의 삶 전체는 망가져버렸습니다.

그 운명의 날 꼬박 두 시간 동안 안드레아는 땅바닥에 누워 있었습니다. 그녀는 움직일 수 없었고, 혼자서 똑바로 설 수도 없었습니다. 마침내 그녀가 집으로 옮겨져 검사를 받았을 때 배 속의 태아는 정상이고 어떤 손상도 입지 않은 것으로 판정되었습니다.

그녀는 영국에 있는 자신의 집으로 돌아가는 것을 기다릴 수가 없었습니다. 그녀의 몸이 정상이 아니라는 사실을 깨닫는 것은 그리 오래 걸리지 않았습니다. 그녀는 사고 당시에 정상이라는 말을 들었지만 몸이 더 이상 전과 같지 않다고 느꼈습니다. 몇 주 내에 그녀는 더 이상 두 발로 설 수 없었고 계단을 오르려면 온 힘을 써야 했습니다.

자신도 의사인 그녀는 할 수 있는 한 최선을 다해 상황을 바로잡으려 했지만, 혼자

서 옷을 쉽게 입을 수 없다는 사실을 깨달았을 때 걱정은 점점 커져만 갔습니다. 그녀가 전문의에게 자문을 구하기로 결정한 것은 바로 그때였습니다.

의사는 검사 후에 그녀가 치골결합의 손상으로 인해 골반이 불안정한 상태라고 진단하였습니다. 그는 상황이 극히 악화될 경우에는 이로 인해 걷지 못할 수 있고, 그녀가 걷는데 어려움을 겪고 있는 것도 이 때문이라고 설명했습니다. 또한 이후 석 달 동안 코르셋을 착용하고 침대에 누워 요양할 것을 즉시 지시했습니다.

그녀는 항상 사람들을 돌보고 돕는 것이 습관이 되어 있는 매우 활동적인 사람이어서 그렇게 하는 것은 그녀에게 가장 참기 힘든 것이었습니다. 그녀는 "그것은 마치 제

게 무기징역을 선고하는 것과 같았습니다."라고 말하며 그때를 떠올렸습니다. 그녀는 어떻게 석 달 동안 침대에 누워 있어야 할지 상상할 수도 없었습니다.

의사는 그녀의 통증에 도움이 되는 몇 가지 약을 처방해주었습니다. 그러나 의사의 처방에 대한 그녀의 맹신에도 불구하고 상태는 계속 악화되어갔습니다. 그녀가 몸을 틀거나 잘못 움직이면 그녀의 등은 한쪽으로 빠져버리고는 몸 전체가 균형을 잃어버렸습니다.

그녀는 몸이 어떻든 상관없이 계속 일하기로 결심했지만, 그녀의 상태는 일하는 능력에도 영향을 끼치기 시작했습니다. 한번은 그녀가 환자에게 몸을 숙였을 때 갑자기 충격을 받고는 똑바로 서 있을 수가 없었습니다. 결국, 마취제를 투여한 후에야 몸을 똑바로 할 수 있었습니다. 그 사건 이후 그녀가 모든 일을 완전히 중단하기까지는 오래 걸리지 않았습니다.

그녀는 관절염을 앓고 근육에 심한 통증도 겪기 시작했습니다. 이뿐 아니라, 발에 쥐어짜는 듯한 통증을 느꼈습니다. 그 결과 그녀는 더 이상 걷거나 바로 앉아있을 수도 없었습니다. 그녀는 항상 다리를 포개고 누워 있어야 했습니다. 그녀는 25년 동안 개업의였고 그녀의 분야에서 더 대단한 것을 찾아왔지만, 이제 그 모든 일이 너무도 멀고 막연한 것처럼 보였습니다. 너무도 고통스럽고 절망에 빠진 그녀는 단지 그녀의 삶을 되돌리고 싶을 뿐이었습니다.

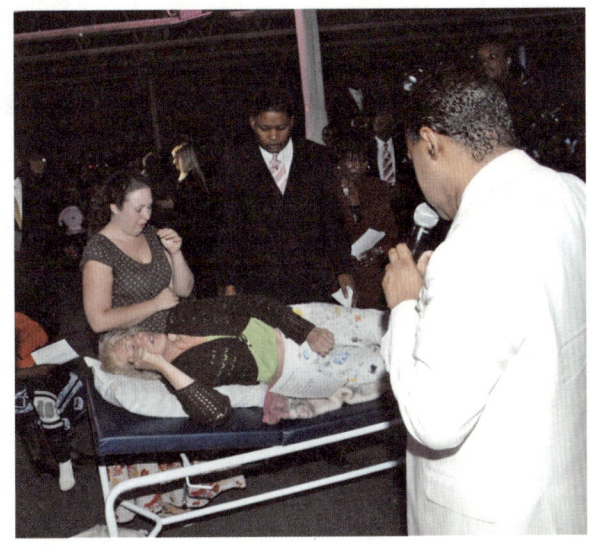

치유학교에 관한 소식을 들었을 때 그녀의 심령에 소망이 살아났습니다. 그래서 남아공 요하네

하나님의 사람인 크리스 목사님의 사역을 받고 있는 안드레아

스버그에 있는 다음번 치유학교에 참석하기로 마음을 정했습니다. 정해진 날짜에 그녀는 딸을 데리고 런던에서 요하네스버그에 있는 치유학교로 출발했습니다.

그녀가 세계 곳곳에서 치유학교로 온 다른 사람들을 보았을 때 기적에 대한 그녀의 믿음은 강해졌습니다. 그중 몇몇은 아주 심각한 상태였습니다. 치유집회가 시작되었을 때 그녀는 하나님의 임재가 그녀를 둘러싸는 것을 느꼈습니다. 그녀는 딸과 함께 왔고 들것에 누워 있어야 했지만, 전과 같은 모습으로 그곳을 떠나지 않을 것임을 알았습니다. "저는 하나님이 저를 위해 무언가 이미 준비하고 계획하셨다고 믿습니다."라고 그녀는 확신했습니다.

크리스 목사님이 그녀에게 사역했을 때 그녀는 기름부음이 몸으로 흘러들어가 뼈를 회복하고 그녀를 온전케 하는 것을 감지했습니다. 그런 다음 하나님의 사람은 모든 연약함이 그녀의 몸에서 떠나라고 명령했습니다. 즉시, 그녀는 들것에서 빠져나와 똑바로 섰습니다! 그리고 얼마 되지 않아 그녀는 아주 흥분하면서 몸을 웅크렸다가 뛰었다가를 반복했습니다. 그녀가 치유받은 것을 보여주려고 강당을 가로지르

며 달렸을 때 그녀의 기쁨은 헤아릴 수 없었습니다.

그녀에게 이것은 얼마나 놀라운 기적입니까! 불과 몇 분 전만 해도 그녀는 앉지도, 걷지도, 심지어 고통 없이는 움직일 수도 없었습니다. 이제 그녀는 너무도 쉽게 뛰고 달리고 있는 것입니다. "믿을 수 없을 정도예요!"라고 그녀는 탄성을 질렀습니다. "지금 누군가 제게 천장에 페인트칠을 하라고 한다면, 고통 없이 그것을 할 거예요!" 그녀

모든 통증으로부터 완전히 치유받은 상태에서 딸과 함께 걷고 있는 안드레아

는 기적을 체험하기 위해 믿음의 발걸음을 떼었고, 하나님은 그녀의 믿음을 존중해주셨습니다.

예수님은 이렇게 말씀하셨습니다. "내가 진실로 너희에게 이르노니 누구든지 이 산더러 들리어 바다에 던져지라 하며 그 말하는 것이 이루어질 줄 믿고 마음에 의심하지 아니하면 그대로 되리라" 막 11:23

살아 계신 하나님의 놀라운 능력의 산 증거로서 얼굴이 환하게 빛나는 안드레아

안드레아의 믿음의 걸음

신성한 건강 안에 거하기

21

신성한 건강은 당신 것이다

신유를 받는 것 이상의 것이 있습니다. 그것은 신성한 건강 안에 거하는 것입니다. 누군가는 "사람이 병에 걸리지 않고 항상 건강하게 사는 것이 가능할까요?"라고 물을지도 모릅니다. 분명히 말씀드리지만, 가능합니다! 성경은 우리가 거듭났을 때 받은 생명의 질은 온갖 종류의 아픔과 질병과 연약함을 능가하는 것이라고 우리에게 알려 줍니다.

성경은 요한복음 1:12-13에서 "영접하는 자 곧 그 이름을 믿는 자들에게는 하나님의 자녀가 되는 권세를 주셨으니 이는 혈통으로나 육정으로나 사람의 뜻으로 나지 아니하고 오직 하나님께로부터 난 자들이니라"라고 말씀합니다.

거듭난 사람은 실로 하나님으로부터 태어난 자입니다. 그는 자기 안에 하나님의 생명과 본성을 가지고 있습니다. 헬라어로 이 생명을 '조에Zoe'라고 합니다. 조에는 생명의 원리입니다. 그것은 하나님의 생명the God-life입니다.

당신이 거듭났을 때, 이 생명은 당신이 태어났을 때 받은 인간의 생명the human life과 완전히 교체되었습니다. 첫 사람 아담의 생명인 인간의 생명은 병과 죽음에 굴복했습니다. 그러나 거듭난 지금, 당신 안에 있는 하나님의 생명은 아픔과 질병을 초월합니다.

성경은 요한일서 4:4에서 "자녀들아 너희는 하나님께 속하였고 또 그들을 이기었나니 이는 너희 안에 계신 이가 세상에 있는 자보다 크심이라"고 말씀합니다.

병은 더 이상 당신의 몸을 장악할 수 없습니다. 당신 안에 있는 하나님의 생명이 더 큽니다.

당신은 거듭났기 때문에 병에 걸리지 않는다는 이 진리를 당신의 심령에 장착시켜야 합니다. 새로운 피조물은 병에 걸리지 않습니다. 이는 곧 병드는 것은 새로운 피조물의 본성이 아니라는 뜻입니다. 그러므로 새로운 피조물은 어떤 것에도 감염되어서는 안 될 뿐 아니라, 그의 몸에는 어떤 질병도 있어서는 안 됩니다. 짖는 것이 고양이의 본성이 아니기 때문에 고양이가 개처럼 짖지 않듯이, 병이 하나님의 자녀의 신성한 본성에 맞지 않는 것이므로 하나님의 자녀는 병에 걸리지 않습니다. 성경은 이사야 33:24에서 "그 거주민은 내가 병들었노라 하지 아니할 것이라 거기에 사는 백성이 사죄함을 받으리라"라고 말씀합니다.

말씀을 당신 안으로 집어넣어라!

하나님이 당신에게 주고 싶어 하시는 것은 치유가 아니라, 당신 안에 있는 그분의 말씀입니다. 당신의 영에 있는 말씀을 가지면, 당신의 몸에 어떤 증상이 나타나든 상관없이 당신은 확실히 그 모든 증상에 대해 승리를 거둡니다.

그러나 이런 일은 하나님의 말씀을 묵상함으로 일어납니다. 묵상은 말씀을 당신의 영 안으로 밀어넣어서 당신의 삶에서 말씀이 말하는 것을 거두게 합니다. 그러므로 말씀을 묵상하는 구체적인 시간을 가지십시오. 그렇게 하면, 당신은 말씀이 말 그대로 당신의 존재 전체를 책임지고, 병을 생각하는 것이 도저히 불가능할 정도까지 당신의 생각mind을 바꾸는 것을 발견하게 될 것입니다.

증상이 몸에 나타나더라도, 당신은 그 증상이 지나가는 것에 불과하다는 사실을 알게 될 것입니다. 당신의 몸에는 그 증상이 거할 장소가 없습니다. 당신은 당신이 하나님과 하나가 되었을 뿐 아니라, 당신의 몸 역시 하나님이 거하시는 곳이 되었다는 사실을 깨닫게 될 것입니다.

결론

"거짓되고 헛된 것을 숭상하는 모든 자는 자기에게 베푸신 은혜를 버렸사오나" 욘 2:8

성령 충만을 받은 어떤 그리스도인도 어떤 형태든지 병에 굴복해서는 안 됩니다. 이것이 바로 하나님의 말씀이 우리에게 알려주는 바입니다. 성경은 "자녀들아 너희는 하나님께 속하였고 또 그들을 이기었나니 이는 너희 안에 계신 이가 세상에 있는 자보다 크심이라" 요일 4:4라고 말씀합니다. 당신은 이미 이 세상에 있는 모든 것을 이겼습니다. 그것은 아픔과 질병과 이름 붙여진 그 어떤 것도 다 포함합니다.

"암으로 고통받고 있는 그리스도인은 어떻게 된 것입니까?"라고 당신은 물을 수도 있습니다.

그 악성 종양은 실재가 아닙니다. 실재는 하나님의 말씀에 있고, 하나님의 말씀은 당신의 몸이 성령님의 성전이라고 선언합니다. 그 몸에서 당신이 보는 종양은 실재가 아닙니다. 그것은 마귀로부터 온 거짓말입니다.

사탄 자신에게는 어떤 능력도 없습니다. 주 예수님은 무덤에서 승리자로 일어나셨을 때 사탄에게서 모든 능력을 완전히 박탈하셨습니다. 그러나 마귀는 속이는 것의 대가였습니다. 마귀는 당신의 마음mind에 잘못된 그림을 가져다줄 것입니다. 마귀가 당신으로 하여금 그것을 믿고 말하게 할 수 있다면, 그는 원하는 곳에서 당신을 갖습니다. 마귀가 당신에게 보여주었던 그 질병의 그림은 실재가 아닙니다. 다음의 성경 말씀을 기억하십시오.

"그는 실로 우리의 질고를 지고 우리의 슬픔을 당하였거늘 우리는 생각하기를 그는 징벌을 받아 하나님께 맞으며 고난을 당한다 하였노라 그가 찔림은 우리의 허물 때문이요 그가 상함은 우리의 죄악 때문이라 그가 징계를 받으므로 우리는 평화를 누리고 그가 채찍에 맞으므로 우리는 나음을 받았도다" 사 53:4-5

당신이 예수님께서 그분의 죽으심과 장사되심과 부활하심을 통해 당신을 위해서 완수하신 모든 일을 심령으로 믿고, 당신의 삶에 대한 그분의 주되심을 고백한다면, 당신은 구원받습니다. 롬 10:9 그리고 자동적으로 신유가 실제 당신의 것이 됩니다. 당신은 그것을 얻기 위해 고군분투하거나 소망할 필요가 없습니다. 그것은 구원의 선물꾸러미와 함께 온 것입니다. 하늘에서 온 치유는 이제 당신 것입니다! 더 이상 그 연약함과 함께 살지 마십시오. 당신은 더 이상 고통당해서는 안 됩니다. 신유는 그리스도 예수 안에서 당신의 생득권입니다.

나는 당신이 매일 그리스도 예수 안에 있는 당신의 유업의 실재를 의식하면서 살기를 권면합니다. 하나님의 말씀이 당신의 심령에 가득 차게 하십시오. 그러면 당신은 항상 바르게 말하게 될 것입니다. 진리는, 당신의 몸은 당신이 말한 대로라는 사실입니다. 마귀가 당신을 속이려고 하면 두려워하기를 거절하십시오. 믿음의 고백을 통해 당신의 신성한 건강의 실재를 주장하십시오. 그런 다음 앞으로 나아가서 당신의 삶을 누리십시오. 기억하십시오. 그것이 바로 예수님이 오신 정확한 이유입니다. 즉 당신이 생명을 얻되 가장 풍성히 얻게 하려는 것입니다! 요 10:10,CEV

크리스 오야킬로메 목사의 저서

- 여기서 머물지 말라 | 46판 72p / 값 2,500원
- 이제 당신이 거듭났으니 | 문고판 64p / 값 1,500원
- 당신의 인생을 재창조하라 | 국판 48p / 값 2,000원
- 이 마차에 함께 타라 | 국판 128p / 값 5,000원
- 그리스도 안에 있는 당신의 권리 | 국판 64p / 값 2,500원
- 성령님과 당신 | 국판 64p / 값 2,500원
- 성령님이 당신 안에서 행하실 일곱 가지 | 국판 80p / 값 3,500원
- 성령님이 당신을 위해 행하실 일곱 가지 | 국판 72p / 값 3,000원
- 방언의 능력 | 문고판 48p / 값 1,000원
- 당신의 치유를 유지하기 | 문고판 24p / 값 500원
- 기적을 받고 유지하는 법 | 국판 64p / 값 2,500원
- 하나님께서 당신을 방문하실 때 | 국판 80p / 값 3,500원
- 올바른 방식으로 기도하기 | 국판 64p / 값 2,500원
- 당신의 믿음을 역사하게 하는 법 | 국판 112p / 값 5,000원
- 끝없이 샘솟는 기쁨 | 국판 32p / 값 1,500원
- 기름과 겉옷 | 국판 96p / 값 4,000원
- 약속의 땅 | 국판 224p / 값 8,000원
- 하나님의 일곱 영 | 국판 112p / 값 5,000원
- 예언 | 국판 88p / 값 4,000원
- 시온의 문 | 국판 96p / 값 4,000원

믿음의 말씀사 출판물

믿음의 말씀사에서 발행되는 모든 도서는 본사에서 직영판매하며, 본사 대표전화 또는 홈페이지를 통해서 구입이 가능합니다. 구입문의 : 031-8005-5483 / 5493 http://faithbook.kr

케네스 해긴의 「믿음 도서관」 책들

- 믿는 자의 권세 (생애기념판) · 값 13,000원
- 당신이 알아야 하는 신유에 관한 일곱 가지 원리 · 값 5,000원
- 기도의 기술 · 값 7,000원
- 인간의 세 가지 본성 · 값 5,500원
- 어떻게 하나님의 영으로 인도받을 수 있는가? · 값 10,000원
- 믿음의 계단 · 값 8,500원
- 마이더스 터치 · 값 10,000원
- 당신을 향한 하나님의 계획 · 값 8,500원
- 하나님 가족의 특권 · 값 6,500원
- 나는 환상을 믿습니다 · 값 7,000원
- 하나님의 계획과 목적과 추구 · 값 8,000원
- 역사하는 기도 · 값 9,000원
- 병을 고치는 하나님의 말씀 · 값 7,000원
- 영적 성장 · 값 7,000원
- 치유의 기름부음 · 값 10,000원
- 크게 성장하는 믿음 · 값 6,000원
- 신선한 기름부음 · 값 7,000원
- 예수 열린 문 · 값 8,000원
- 믿음이란 무엇인가 · 값 2,500원
- 진짜 믿음 · 값 2,000원
- 기름부음의 이해 · 값 9,000원
- 그리스도께서 지금 하고 계시는 일 · 값 2,500원
- 승리하는 교회 · 값 15,000원
- 믿음의 양심 · 값 13,000원
- 조에 · 값 4,000원
- 그리스도의 선물 · 값 12,000원
- 믿음이 흔들리고 패배한 것 같을 때 승리를 얻는 법 · 값 7,000원
- 충분하고도 넘치는 하나님 엘 샤다이 · 값 2,500원
- 하나님의 말씀 : 모든 것을 고치는 치료제 · 값 3,000원
- 믿음의 선한 싸움을 싸우는 법 · 값 7,000원
- 내주하시는 성령 임하시는 성령 · 값 9,000원
- 방언 · 값 12,000원
- 재정적인 번영에 대한 성경적 열쇠들 · 값 9,000원
- 금식에 관한 상식 · 값 2,500원
- 가족을 섬기는 법 · 값 3,000원
- 여성에 관한 질문들 · 값 5,000원
- 그리스도 안에서 · 값 1,000원
- 새로운 탄생 · 값 1,000원
- 방언기도의 능력을 풀어 놓으라 · 값 1,200원
- 재정 분야의 순종 · 값 1,000원
- 말 · 값 1,200원
- 나는 지옥에 갔다 왔습니다 · 값 1,000원
- 하나님의 처방약 · 값 1,000원
- 더 좋은 언약 · 값 1,000원
- 옳은 사고방식 틀린 사고방식 · 값 1,200원
- 속량 - 가난, 질병, 영적 죽음에서 값 주고 되사다 · 값 1,200원
- 예수의 보배로운 피 · 값 1,000원
- 하나님을 탓하지 마십시오 · 값 1,000원
- 네 주장을 변론하라 · 값 1,000원
- 셀 모임에서 성령인도 받기 · 값 1,000원
- 네 염려를 주께 맡겨라 · 값 2,000원
- 성령을 받는 성경적인 방법 · 값 1,200원
- 안수 · 값 1,000원
- 치유를 유지하는 법 · 값 1,000원
- 사랑은 결코 실패하지 않습니다 · 값 1,000원
- 예언을 분별하는 일곱 단계 · 값 2,000원
- 절망적인 상황을 반전시키기 · 값 2,000원
- 당신의 믿음을 풀어 놓는 법 · 값 2,000원
- 하나님의 영광 · 값 1,200원
- 하나님께서 내게 가르쳐 주신 행동의 계시 · 값 1,000원
- 왜 능력 아래 쓰러지는가? · 값 1,000원
- 다가오는 회복 · 값 1,000원
- 잊어버리는 법을 배우기 · 값 1,000원
- 은혜 안에서의 성장을 방해하는 다섯 가지 · 값 1,200원
- 사랑 가운데 걷는 법 · 값 1,200원
- 몸의 치유와 속죄 | T.J.맥크로산 지음 · 값 6,000원

기타 「믿음의 말씀」 설교자의 책들

- 성령의 삶 능력의 삶 | 데이브 로버슨 지음 · 값 13,000원
- 왕과 제사장 | 김진호 지음 · 값 6,500원
- 새로운 피조물의 실재 | 김진호 지음 · 값 9,000원
- 믿음의 반석 | 최순애 지음 · 값 12,000원
- 새 언약의 기도 | 최순애 지음 · 값 8,000원
- 새로운 피조물 고백기도집 | 최순애 지음 · 값 4,000원
- 성령 인도 | 최순애 지음 · 값 7,000원
- 복음의 신조 | 최순애 지음 · 값 8,000원
- 존중하는 삶 | 최순애 지음 · 값 8,000원
- 승리하는 믿음 | 스미스 위글스워스 지음 · 값 4,000원
- 스미스 위글스워스의 천국 | 스미스 위글스워스 지음 · 값 11,000원
- 스미스 위글스워스의 매일묵상 | 스미스 위글스워스 지음 · 값 20,000원
- 위글스워스는 이렇게 했다 | 피터 J. 매든 지음 · 값 9,000원
- 스미스 위글스워스의 능력의 비밀 | 피터 J. 매든 지음 · 값 7,000원
- 행동하는 신자들 | T.L. 오스본 지음 · 값 4,000원
- 기적 - 하나님 사랑의 증거 | T.L. 오스본 지음 · 값 4,500원
- 새롭게 시작하는 기적 인생 | T.L. 오스본 / 라도나 오스본 지음 · 값 8,000원
- 좋은 인생 | T. L. 오스본 지음 · 값 13,000원
- 성경적인 치유 | T.L. 오스본 지음 · 값 10,000원
- 능력으로 역사하는 메시지 | T.L. 오스본 지음 · 값 12,000원
- 100개의 신유 진리 | T.L. 오스본 지음 · 값 1,000원
- 24 기도 원리 7 기도 우선순위 | T.L. 오스본 지음 · 값 1,000원
- 하나님의 큰 그림 | 라도나 C. 오스본 지음 · 값 5,500원
- 믿음의 말씀 고백 기도집 | 잔 오스틴 지음
- 하나님의 사랑의 흐름 | 잔 오스틴 지음
- 견고한 진 무너뜨리기 | 잔 오스틴 지음
- 초자연적인 흐름을 따르는 법 | 잔 오스틴 지음
- 당신의 운명을 바꿀 수 있습니다 | 잔 오스틴 지음
- 어떻게 하나님의 능력을 풀어놓을 수 있는가? | 잔 오스틴 지음
- 복을 취하는 법 | R.R.쏘아레스 지음 · 값 5,500원
- 주는 자에게 복이 되는 선물 | R.R.쏘아레스 지음 · 값 6,000원
- 믿음으로 사는 삶 | 코넬리아 나줌 지음 · 값 6,000원
- 방언기도학교 31일 | 크리스/애니타 오야킬로메 지음 · 값 2,500원
- 붉은 줄의 기적 | 리차드 부커 지음 · 값 10,000원
- 당신은 이미 가졌습니다 | 앤드류 워맥 지음 · 값 11,000원
- 은혜와 믿음의 균형 안에 사는 삶 | 앤드류 워맥 지음 · 값 11,000원
- 하나님은 당신이 건강하기 원하십니다 | 앤드류 워맥 지음 · 값 10,000원
- 영 · 혼 · 몸 | 앤드류 워맥 지음 · 값 8,500원
- 전쟁은 끝났습니다 | 앤드류 워맥 지음 · 값 11,000원
- 믿는 자의 권세 | 앤드류 워맥 지음 · 값 12,000원
- 당신이 말한 대로 얻게 됩니다 | 돈 고셋 지음 · 값 10,000원
- 예수 - 치유의 길 건강의 길 | 윌포드 H. 리트 지음 · 값 11,000원
- 믿음과 고백 | 찰스 캡스 지음 · 값 12,000원
- 임재 중심 교회 | 테리 테이블/린 폰다 지음 · 값 11,000원
- 십자가에서 보좌까지 무슨 일이 일어났는가? | E. W. 케년 지음 · 값 12,000원
- 두 가지 의 | E. W. 케년 지음 · 값 7,000원
- 하나님 아버지와 그분의 가족 | E. W. 케년 지음 · 값 12,000원
- 놀라우신 그 이름 예수 | E. W. 케년 지음 · 값 7,000원
- 성령충만한 그리스도인의 지침서 | 데릭 프린스 지음 · 값 30,000원